FIT FÜRS abi

DEUTSCH TRAINING

Schroedel

Fit fürs Abi – Deutsch ⊙ Training

für Schülerinnen und Schüler zur Vorbereitung auf das Abitur

Gertrud Schänzlin

Nach gültiger Rechtschreibung 2006

ISBN 978-3-507-**23032**-3

Druck [2] / Jahr 2007

Umschlaggestaltung: Janssen Kahlert Design & Kommunikation, Hannover
Gesamtherstellung: imprint, Zusmarshausen
Druck und Bindung: Westermann Druck Zwickau GmbH

Inhalt

Vorbemerkung

Dieser Aufgaben-Trainer richtet sich an Schülerinnen und Schüler der Oberstufe, die sich – zur Vertiefung und Ergänzung des Unterrichts – gezielt auf die schriftliche und / oder mündliche Abiturprüfung im Fach Deutsch vorbereiten wollen. Das Inhaltsverzeichnis gibt Ihnen einen ersten Überblick über das Trainingsangebot.

Die einzelnen Kapitel sind nicht aufeinander bezogen. Sie können also beliebig dort einsteigen, wo Sie denken, dass Sie noch Übungsmaterial brauchen. Textauswahl und Aufgabenstellungen orientieren sich an exemplarischen Klausuren und Abiturprüfungen der letzten Jahre, wobei zu beachten ist, dass die einzelnen Bundesländer unterschiedliche Schwerpunkte setzen. Wenn beispielsweise ein bestimmter Roman und/oder ein bestimmtes Drama Pflichtlektüre sind, müssen Sie natürlich über den Handlungsverlauf, die Personenkonstellation, die Entstehungszeit und die Autoren Bescheid wissen. Dies kann hier nur am Rande berücksichtigt werden.

In Kapitel 1 bis 7 werden die „gängigen" Aufgaben des schriftlichen Abiturs trainiert: Interpretation (in ihren unterschiedlichen Formen), Textanalyse und Erörterung. In Kapitel 8 geht es um Entwicklungen und Strömungen im Verlauf der Literaturgeschichte. Kenntnisse darüber sind vor allem für die mündliche Prüfung wichtig, auch wenn sie nicht direkt „abgefragt" werden. Sie sind aber auch für die schriftliche Interpretation sehr hilfreich, denn sie erleichtern es Ihnen, Inhalt und Form in Beziehung zu setzen. Mit textexternen Fakten können Sie zudem Ihre eigenen Ergebnisse stützen.

Die Kapitel bzw. Unterkapitel sind entweder chronologisch oder entsprechend dem steigenden Schwierigkeitsgrad aufgebaut. Zu den gestellten Aufgaben finden Sie unterschiedliche Arten von Lösungen: **Lösungsansätze** beinhalten stichpunktartige Vorarbeiten, Überlegungen und Stoffsammlungen. **Lösungsvorschläge** stellen eine mögliche Lösung dar (z. B. methodische Hilfestellungen, Gliederungsvorschläge, ausformulierte Teile, Auszüge aus Schülerarbeiten, ...) und sind ausführlicher als der Lösungsansatz. Das **Lösungsangebot** bietet eine „professionelle" Lösung oder Interpretation.

Die wichtigsten Regeln für die Interpretation und für die Erörterung sind Ihnen bekannt. Sie werden deshalb in diesem Buch nicht ausführlich beschrieben. Übersichten und praktische Hinweise zur Vorbereitung und Ausführung eines Aufsatzes finden Sie auf der CD-ROM, gekennzeichnet mit diesem Symbol: → 💿. Da ein Schüleraufsatz, der in einer bestimmten Zeit geschrieben werden muss, nicht alle möglichen Aspekte umfassend darstellen kann, sind im Aufgabenangebot unterschiedliche Schwerpunkte gesetzt – die Überschriften der Unterkapitel verweisen darauf.

Anmerkungen zu den einzelnen Kapiteln

Kapitel 1, 2 und 3 „Der Interpretationsaufsatz"

Die Trainingstexte sind nach den drei Literaturgattungen geordnet (Epik, Lyrik, Dramatik). Bei den erzählenden Texten handelt es sich um Kurzprosa und einen Romanausschnitt. Die abgeschlossenen Texte können auch abschließend gedeutet werden, bei einem Textauszug ist das nur bedingt möglich, wenn nicht auf andere Textstellen verwiesen werden kann – deshalb die unterschiedliche Aufgabenstellung.

Die Auswahl der lyrischen Texte wurde so getroffen, dass Sie bei einem klassischen Gedicht die Möglichkeit haben, wichtige Begriffe der Verslehre zu wiederholen (Zusammenstellung auf der CD-ROM) und sich bei einem modernen Gedicht mit den Abweichungen vom klassischen Muster auseinanderzusetzen. Mögliche Ergebnisse der formalen und inhaltlichen Analyse sind exemplarisch dargestellt. Beim Gedichtvergleich kommt es vor allem darauf an, nach der Einzelinterpreta-

tion in relativ kurzer Zeit die wesentlichen Vergleichspunkte herauszuarbeiten. Geeignet für einen Gedichtvergleich (falls Sie selbstständig trainieren wollen) sind motivgleiche Gedichte aus verschiedenen Epochen (→ Kapitel 8) oder Gedichte desselben Autors aus verschiedenen Schaffensperioden.
Wenn Sie in einer Klausur eine Dramenszene interpretieren sollen, ist in der Regel die Kenntnis des gesamten Dramas vorausgesetzt, das heißt, es wird erwartet, dass Sie die Szene in die Handlung einordnen, ihre Bedeutung für den weiteren Verlauf bestimmen und Auffälligkeiten im Agieren der Personen erkennen. Ohne diese Voraussetzung können Sie nur Teile der Interpretation trainieren: Aufbau der Szene, Dialogführung, (Selbst-)Charakterisierung der Personen. Die für das Training ausgewählten Stücke stammen aus dem 18., 19. und 20. Jahrhundert. Dabei steht aber nicht die historische Bedingtheit im Vordergrund, sondern die Bühnenwirksamkeit entsprechend der Absicht der Dichter. (Verzeichnis dramatischer Mittel → , Drama_03.pdf bis Drama_05.pdf)

Kapitel 4 „Gestaltende Interpretation"

Diese Aufsatzform verlangt Einfühlungsvermögen in die literarischen Figuren einerseits und in die dichterische Gestaltung andererseits. Meistens geht es darum, etwas zu schreiben, das im Original ausgespart ist, etwa in Form eines inneren Monologs, eines (fiktiven) Briefes, eines Gesprächs, eines Tagebucheintrags. Möglich ist auch die Darstellung eines Geschehens aus veränderter Sicht, also der Wechsel der Erzählperspektive. Die abgedruckten „Lösungen" zu Kurzprosa und Roman sind beispielhaft, von Schriftstellern verfasst. Wie ein „Laie" an eine solche Aufgabe herangehen kann, sollen Auszüge aus einer Schülerarbeit zeigen.

Kapitel 5 „Texterörterung"

Ob und in welcher Form Ihnen im Abitur eine Erörterung angeboten wird, hängt von den Prüfungsbestimmungen Ihres Bundeslandes ab. Auf die sogenannte freie Erörterung wird weitgehend verzichtet; verbindliche Lösungen kann es dafür auch nicht geben. Themenbeispiele mit Auszügen aus Schülerarbeiten finden Sie im Kapitel 7.
Die Texterörterung setzt wie die Textinterpretation eine Textanalyse voraus: Aussage, inhaltliche Gliederung, sprachliche Mittel. Trainieren können Sie das an literarischen, rhetorischen und sachlichen Texten und dann zu deren Wirkung und Überzeugungskraft Stellung nehmen.

Kapitel 6 „Problemerörterung im Anschluss an einen Text"

Die Problemerörterung anhand eines Textes fasst die Aussage der Vorlage zusammen und skizziert die Position des Autors. Da es sich um Sachtexte handelt, müssen Stil und Sprache nur kurz charakterisiert, nicht ausführlich untersucht und beschrieben werden. Die Hauptaufgabe besteht in der eigenen Stellungnahme, die in der Regel steigernd oder dialektisch erfolgen kann (→ , Datei Eroerterung.pdf). Entscheidend für die Bewertung sind nicht Zustimmung oder Ablehnung, sondern klare Aussagen, schlüssige Gedankenführung, überzeugende Argumente/Beispiele und angemessene sprachliche Gestaltung.

Kapitel 8 „Dichter in ihrer Zeit"

Schriftsteller und Schriftstellerinnen sind trotz ihrer individuellen Begabung und Zielsetzung doch auch immer „Kinder" ihrer Zeit – das lässt sich in ihren Werken nachweisen, auch wenn sie nicht den herrschenden Modetrends folgen.
Im ersten Teil des Kapitels finden Sie ein Angebot, diese Zeitgebundenheit vor allem an der formalen Gestaltung, aber auch an der Intention der Gedichte aufzuspüren.
Die Texte im zweiten Teil haben unmittelbaren Bezug zu den historischen, politischen und sozialen Gegebenheiten. Wie Schriftsteller diese Realität gestalten, soll hier nicht nur textimmanent untersucht werden: Epochentypisches soll in Sprache, Thematik und Aussage aufgezeigt werden.

1__Interpretation von erzählenden Texten

WISSEN

Die Interpretation (das untersuchende Erschließen) setzt die Ergebnisse der inhaltlichen und formalen Analyse in Beziehung und erschließt daraus eine mögliche Aussageabsicht. Ein Interpretationsaufsatz basiert also auf objektiven Erkenntnissen und formuliert das subjektive Verständnis.

1.1 Vorbereitende Arbeitsschritte (Textanalyse) und Ausarbeitung

M 1 Bettina Blumenberg Lau

Die Fassade des Fachwerkhauses hat man erhalten. Die Innenräume sind unverändert. Von keinem Splitter des Erbhofes hatte man sich trennen wollen. Auf dem Querbalken über dem Haustor ist die Inschrift sorgfältig nachgemalt. Grell nun und zu bunt steht da: Westphaelischer Friede. Um ein Uhr sitzen sie alle um den alten Eichentisch versammelt. Zur Mittagsmahlzeit, pünktlich wie eh und je. Das Essen ist kalt, sagt der Bauer. Seit zwanzig Jahren guck ich mir das schon an, das lauwarme Gebräu, das spackig unter dem Gaumen klebt. Seit zwanzig Jahren fragst du mich täglich, ob es mir schmeckt. Seit zwanzig Jahren nicke ich, während der Hunger es mir reintreibt. Springt auf, wirft die Gabel wie einen flachen Flitschstein über den Tisch, dass sie die Gläser umsäbelt. Stampft mit dem Fuß auf, dem stiefelbeschwerten. Den geballten Trotz pflanzt er in den Absatz, der in den Dielenboden donnert, schmettert den Stuhl dazu, dass das Mobiliar erzittert und die Familie auf ihren Stühlen. In der Vitrine klirren die Gläser, zerscherbeln die kunstvoll aufgebauten Kristalltürme. Die geblümten Sammeltassen schlagen gegeneinander, stürzen zu Splittern. Die Frau schreit trotz der erschrockenen Starre. Fällt der schwere Ehrenteller für die pfründigste Mastkuh von der Wand, auf die Vitrine, die kippt. Gegen das Hanskind, den Nachkömmling, der den Zappelphilipp nicht mehr kennengelernt hat, der rettend nach dem Tischtuch greift. Zerrt die Decke an sich mit allen Terrinen, dass sich Suppen und Soßen und die große Ketschupflasche, ohne die Anne keine Mahlzeit beginnt, auf den Boden ergießen. Auf das beste Stück im Haus, den Perserteppich. Auf wie viele Speckseiten hat die Sippschaft dafür verzichtet. Und nun soll alles umsonst gewesen sein. Nur darum, weil heute wie immer das Essen so lau war. Als sei die Gewöhnung nicht das Sicherste im Leben.

Blumenberg, Bettina: Lau. Aus: Schreibheft 16 (1981), Rigodon-Verlag, Essen, 1981, Seite 53 f.

Aufgabe

Interpretieren Sie diesen Text.
Mögliche Unteraufgaben zur Hilfestellung:

- *Mit welchen sprachlichen Mitteln wird die Aussage verstärkt?*
- *Setzen Sie sich mit der Intention des Textes auseinander.*
- *Welche Gedanken und Empfindungen löst er beim Leser aus?*

Hinweis

Eine ausführliche Beschreibung der Interpretationsschritte finden Sie auf der CD-ROM (→ , Datei Inter_02.pdf").

Lösungsvorschlag

Erster Schritt: Erfassen des Textes

So könnte ein erster Verstehensentwurf lauten:

- Jemand zerstört aus einer Laune heraus, was er zusammen mit anderen mühsam aufgebaut hat.
- Jemand macht sich endlich Luft, bevor er erstickt.
- Jemand demonstriert seine Macht.
- Jemand zeigt, dass Traditionen und Rituale in Frage gestellt werden müssen.

Zweiter Schritt: Annäherung an den Textinhalt/die Textaussage

Das Ergebnis nach den ersten beiden Arbeitsschritten könnte folgendermaßen aussehen: (farbig: 1. Schritt/schwarz: 2. Schritt)

Inhalt	**Bettina Blumenberg** Lau	Personen, Handlung, Fragen
Information I Beschreibung Vorgeschichte	Die Fassade des Fachwerkhauses hat man erhalten. Die Innenräume sind unverändert. Von keinem Splitter des Erbhofes hatte man sich trennen wollen. Auf dem Querbalken über dem Haustor ist die Inschrift sorgfältig nachgemalt. Grell nun und zu bunt steht da: Westphaelischer Friede.	wer ist das? wer sagt das?
II Situation	Um ein Uhr sitzen sie alle um den alten Eichentisch versammelt. Zur Mittagsmahlzeit, pünktlich wie eh und je.	wer? alle – sitzen (wie immer)
plötzliches Ereignis ↓ III unmittelbare Folgen	Das Essen ist kalt, sagt der Bauer. Seit zwanzig Jahren guck ich mir das schon an, das lauwarme Gebräu, das spackig unter dem Gaumen klebt. Seit zwanzig Jahren fragst du mich täglich, ob es mir schmeckt. Seit zwanzig Jahren nicke ich, während der Hunger es mir reintreibt. Springt auf, wirft die Gabel wie einen flachen Flitschstein über den Tisch, dass sie die Gläser umsäbelt. Stampft mit dem Fuß auf, dem stiefelbeschwerten. Den geballten Trotz pflanzt er in den Absatz, der in den Dielenboden donnert, schmettert den Stuhl dazu, dass das Mobiliar erzittert und die Familie auf ihren Stühlen.	kein Name Plötzlich! Kontrast, Wendepunkt eigentliche Handlung erzittern:
IV Auswirkungen	In der Vitrine klirren die Gläser, zerscherbeln die kunstvoll aufgebauten Kristalltürme. Die geblümten Sammeltassen schlagen gegeneinander, stürzen zu Splittern. Die Frau schreit trotz der erschrockenen Starre. Fällt der schwere Ehrenteller für die pfründigste Mastkuh von der Wand, auf die Vitrine, die kippt. Gegen das Hanskind, den Nachkömmling, der den Zappelphilipp nicht mehr kennengelernt hat, der rettend nach dem Tischtuch greift. Zerrt die Decke an sich mit allen Terrinen, dass sich Suppen und Soßen und die große Ketschupflasche, ohne die Anne keine Mahlzeit beginnt, auf den Boden ergießen. Auf das beste Stück im Haus, den Perserteppich.	Überraschung, Furcht; → Sturz kein Name best. Artikel hat nichts gelernt Fassungslosigkeit, Chaos, Zerstörung
V Reflexionen	Auf wie viele Speckseiten hat die Sippschaft dafür verzichtet. Und nun soll alles umsonst gewesen sein. Nur darum, weil heute wie immer das Essen so lau war. Als sei die Gewöhnung nicht das Sicherste im Leben.	Kommentar? Ironie? Bezug zur Überschrift

Dritter Schritt: Formale Analyse

Es folgt ein Beispiel für eine mögliche Lösung:

erzählerische Mitel

Bettina Blumenberg Lau

sprachliche Mittel

Die Fassade des Fachwerkhauses hat man erhalten. Die Innenräume sind unverändert. Von keinem Splitter des Erbhofes hatte man sich trennen wollen. Auf dem Querbalken über dem Haustor ist die Inschrift sorgfältig nachgemalt. Grell nun und zu bunt steht da: Westphaelischer Friede. Um ein Uhr sitzen sie alle um den alten Eichentisch versammelt. Zur Mittagsmahlzeit, pünktlich wie eh und je. Das Essen ist kalt, sagt der Bauer. Seit zwanzig Jahren guck ich mir das schon an, das lauwarme Gebräu, das spackig unter dem Gaumen klebt. Seit zwanzig Jahren fragst du mich täglich, ob es mir schmeckt. Seit zwanzig Jahren nicke ich, während der Hunger es mir reintreibt. Springt auf, wirft die Gabel wie einen flachen Flitschstein über den Tisch, dass sie die Gläser umsäbelt. Stampft mit dem Fuß auf, dem stiefelbeschwerten. Den geballten Trotz pflanzt er in den Absatz, der in den Dielenboden donnert, schmettert den Stuhl dazu, dass das Mobiliar erzittert und die Familie auf ihren Stühlen. In der Vitrine klirren die Gläser, zerscherbeln die kunstvoll aufgebauten Kristalltürme. Die geblümten Sammeltassen schlagen gegeneinander, stürzen zu Splittern. Die Frau schreit trotz der erschrockenen Starre. Fällt der schwere Ehrenteller für die pfründigste Mastkuh von der Wand, auf die Vitrine, die kippt. Gegen das Hanskind, den Nachkömmling, der den Zappelphilipp nicht mehr kennengelernt hat, der rettend nach dem Tischtuch greift. Zerrt die Decke an sich mit allen Terrinen, dass sich Suppen und Soßen und die große Ketschupflasche, ohne die Anne keine Mahlzeit beginnt, auf den Boden ergießen. Auf das beste Stück im Haus, den Perserteppich. Auf wie viele Speckseiten hat die Sippschaft dafür verzichtet. Und nun soll alles umsonst gewesen sein. Nur darum, weil heute wie immer das Essen so lau war. Als sei die Gewöhnung nicht das Sicherste im Leben.

Erzählerische Mittel (linker Rand):

- Erzähler tritt nicht in Erscheinung, beobachtet/erzählt distanziert, ironisch
- wertender (Erzähler-)Kommentar
- direkte Rede ohne Anführungszeichen
- szenischer Bericht
- Steigerung
- dramatische Zuspitzung
- Unwichtiges hervorgehoben: Ironie, Spott
- Ende der Klimax
- Reflexion des Erzählers

Sprachliche Mittel (rechter Rand):

- Alliteration
- unbest. Pronomen
- Syntax: ungewöhnliche Satztrennung
- Wiederholung, Anapher
- Spitzenstellung der Verben, Subjekt fehlt (Ellipse?) Alliteration
- Lautmalerei, Vokalanklang und Konsonantenanklang
- Inversion
- drei Attribute
- Satzbau: unvollständige Sätze (Ellipsen)
- Satztrennung (s. o.)
- Punkt statt Ausrufezeichen/Fragezeichen, Satztrennung, wieder nur Punkt

Offene Fragen/Notizen für eine spätere Deutung

- Warum keine Absätze?
- Warum keine Anführungszeichen, Ausrufezeichen?
- Wozu Umstellung der Satzteile, unvollständige Sätze?
- Wie ist der Erzählrahmen zu verstehen?

Vierter Schritt: Textdeutung

Die textimmanente Interpretation fragt nach der Entsprechung von Form und Aussage. Die Grundlage für die Textdeutung bilden die Ergebnisse der vorausgegangenen Arbeitsschritte, sie können ergänzt werden.

Form	Bedeutung/Aussage
betont gesetzte Substantive, z. B. Alliterationen (Fassade, Fachwerkhaus, Innenräume, Inschrift)	Dinge, Gegenstände, Traditionen bestimmen den Tagesablauf, die Lebensweise
Indefinitpronomina (man, alle); Passiv	keiner wird als Individuum aktiv
direkte Rede ohne Ankündigung, umgangssprachlich, mit Wiederholungen	plötzlicher Ausbruch, ehrliche Abrechnung mit ständigem, jahrelangem angepasstem Verhalten
Häufung dynamischer Verben	Umsetzung der aufgestauten Gefühle in die Tat
Lautmalerei, Spiel mit Vokalen und Konsonanten	Wahrnehmung der Zerstörung mit allen Sinnen/ironisch-distanzierte Kommentierung
keine erkennbare Gliederung, ungewohnter Satzbau, z. B. Inversion, Unvollständigkeit	Aufhebung der Ordnung, Zerstörung, Hilflosigkeit ...
irreführende Zeichensetzung	Aufruf, Appell als Aussage getarnt?

Muss der erste Verstehensentwurf revidiert werden?

Die Thematik muss von der geschilderten Situation abstrahiert und in größere Zusammenhänge gestellt werden, z. B.: Festhalten an/Brechen mit Traditionen, Gewöhnung und Anpassung/Aufbruch und Eigeninitiative, Unterwerfung/Widerstand.

Fünfter Schritt: Stellungnahme

Für die Stellungnahme gibt es kein verbindliches „Muster". Hier ein möglicher Lösungsansatz:
Der Text will wohl in erster Linie unterhalten, da die Handlung zunächst komisch wirkt, will durch die übersteigerte, sprachlich-stilistisch auffällige Darstellung aber auch nachdenklich machen: Das „unerhörte Ereignis" ist durchaus auf die Erfahrungswelt des Lesers übertragbar. Dieser fühlt sich angesprochen durch die plastische, teils komische Schilderung, nimmt den Text auch emotional auf. Da sowohl das Verhalten der „Sippschaft" als auch der Wutausbruch des „Helden" aus ironischer Distanz berichtet werden, ist der Leser aufgefordert, selbst Stellung zu nehmen: einerseits zu der Angemessenheit der geschilderten Aktionen und Reaktionen, andererseits zu der Angemessenheit der sprachlichen Gestaltung.

Schriftliche Ausarbeitung

Sie überprüfen die Ergebnisse der einzelnen Arbeitsschritte, streichen und ergänzen. Sie bringen diese Ergebnisse in eine sinnvolle Ordnung und formulieren logische Überleitungen. Im Folgenden finden Sie Beispiele für den Beginn bzw. die Verbindung einzelner Teile.

Mögliche Formen der Einleitung

- Bettina Blumenberg schildert in ihrem kurzen Prosatext „Lau" den überraschenden Wutausbruch eines Bauern und dessen Folgen.
- Was passiert, wenn man sich jahrelang Zwängen unterwirft? Bettina Blumenberg ...
- Tradition und Gewohnheit bilden – so scheint es – einen sicheren Lebensrahmen. Ein solcher Rahmen kann ein Individuum aber auch unerträglich einengen, was Bettina Blumenberg ...

Textwiedergabe und -beschreibung (Inhalt, Form, Entsprechungen)

Der Text beginnt mit der Beschreibung eines Bauernhauses, das außen auffällig renoviert, aber innen nicht verändert worden ist.
Auch die Gewohnheiten hat man beibehalten: Jeden Tag versammelt sich die Familie zur selben Zeit zum Mittagessen. Während eines solchen Mittagessens äußert der Bauer ganz unerwartet Kritik an dessen Qualität, die ihm schon seit zwanzig Jahren missfällt, und der seit zwanzig Jahren aufgestaute Ärger bricht aus ihm heraus. Er steht heftig vom Tisch auf ... (ganz kurze Zusammenfassung!)
Bettina Blumenberg setzt zahlreiche Stilmittel ein, um die Aussage zu unterstreichen. Besonders auffällig ist der Satzbau: Parataktische, klare Sätze entsprechen der Ordnung und Überschaubarkeit des alltäglichen Lebens, unvollständige Sätze und ungewohnt aneinandergereihte Satzteile den sich überstürzenden Ereignissen (eventuell Zitat, Beispiel für Inversion, Ellipse).
Konsequent sind die für die Aussage wichtigsten Elemente (Einzelwörter, aber auch Satzteile) an den Anfang gestellt („Die Fassade", „Die Innenräume"; „Grell"; „Um ein Uhr"; „Seit zwanzig Jahren"; „Springt auf" ...).
Durch die Verwendung des Indefinitpronomens „man" bleibt offen, wer die Entscheidung, am Althergebrachten festzuhalten, getroffen hat. „Alle" scheinen sie mitzutragen. Dass daran nicht gerüttelt wird, unterstreichen der klare, parataktische Satzbau, die Alliteration (Fassade – Fachwerkhaus) und die Erwähnung des „Splitters", von dem man sich nicht trennen will. Die Anmerkung, die Inschrift sei nun „zu" bunt, die Wahl der Adjektive und die Häufung der u-Laute machen den Leser auf das Unpassende der Maßnahmen aufmerksam. ...

Textverständnis/Deutung

Drei Beispiele für viele denkbare Möglichkeiten:

- Die vier Schlusssätze, eine Art Erzähler-Kommentar, könnten ein Schlüssel für das Verständnis des gesamten Textes sein.
- Beim ersten Lesen hat mich der Text zum schadenfrohen Lachen gereizt, denn ich konnte das Chaos in der Bauernstube und die verblüffte Familie vor mir sehen wie in einem Film. ...
- Soll der Leser für den wütenden Bauer Verständnis, vielleicht sogar Sympathie aufbringen oder dessen Verhalten verurteilen? ...

1.2 Kriterien zur Bewertung eines Interpretationsaufsatzes

M 1 Gabriele Wohmann Sie verlangen zu viel

Isabel zwang sich zum Gegenangriff. Ihr Nachteil: durch die Fensterfront leuchtete die Mittagssonne ihr Gesicht voll aus. Doktor Küntzel hingegen, hinter seinem Schreibtisch ihr Gegenuber, schutzte der Schatten. Ihr Dauerlächeln ist vielleicht keine ideale Basis für unsere Zusammenarbeit, sagte Isabel.

Doktor Küntzel lächelte trotzdem weiter, aber drückte sich nicht in dem, was zwischen schwarzen Bartdekorationen von seinem Gesicht übrig war, Ängstlichkeit aus? Er sagte: Ich höre.

Er ist verdammt zu jung für mich, dachte Isabel. Er hält mich für eine amüsant verdrehte alte Schrulle. Daher sein altväterisches Gehabe. Sie erklärte: Ich wäre gern ein ruhiger Mensch, nichts weiter. Ich bin zu aufgeregt. Am besten, Sie verordnen mir wieder mein altes Medikament, wie Ihr Vorgänger in dieser Praxis. Sie Kindskopf, fügte sie für sich hinzu.

Es ist mein Ehrgeiz, Sie davon abzubringen.

Sehen Sie, ich habe zum Beispiel hier unten im Bauch einen ekligen Schmerz, und heute nachmittag stelle ich mich der Diagnose meines Internisten. Wenn es was Schlimmes wäre, wie sinnlos müßte ich es finden, mir kein schöneres Leben gegönnt zu haben. Es wäre so idiotisch, als hätte ich, im Sterben liegend, gerade vorhin noch mein Badezimmer geputzt. Geben Sie mir einfach mein altes Zeug wieder. Ein Nachfolger muß nicht alles ändern.

Sie würden nicht glücklich damit. Eine rosarote Brille trübt den Blick.

Ich habe nichts gegen rosa Brillen, ich hätte sehr gern eine.

Sie verlangen zu viel. Doktor Küntzel stand auf. Rufen Sie mich jederzeit an. Und: Einen schönen Tag noch.

Sie reden wie meine Postbotin. Einen schönen Tag noch! Aber Isabel lächelte auch, also konnte der junge Doktor ja nicht merken, daß sie wütend war und litt.

Wie war sie? fragte Frau Küntzel, die ihrem Mann in der neuen Praxis half.

Ihr Mann seufzte und grimassierte sich ein Lächeln aus dem Gesichtsrest im schwarzen Bartwuchs: Nun, ich strenge mich ihr zuliebe an und bin ironisch. Sie mag Ironie. Mit einem ernsten Ausdruck stellte der Arzt sich auf seinen nächsten Patienten ein.

Er könnte ein einziges Mal ein besorgtes Gesicht machen. Isabel beschwerte sich bei ihrem Mann. Er ist immer so verdammt ironisch. Ich sage ihm, ich will ja nur, daß es mir gut geht. Und was antwortet er mir: Sie verlangen zu viel.

Der Junge ist nicht dumm, knurrte ihr Mann.

Wohmann, Gabriele: Sie verlangen zu viel. Aus: dies.: Die Schönste im ganzen Land. Piper, München, 1997, Seite 110 f.
Dieser Text ist aus rechtlichen Gründen in der alten Rechtschreibung abgedruckt.

Aufgabe

Interpretieren Sie diesen Text.
Mögliche Unteraufgaben zur Hilfestellung:

- *Beschreiben Sie die Dialogstruktur.*
- *Was leistet der letzte Satz für das Verständnis der Aussageabsicht?*

Tipp

Bei der intensiven und kritischen Auseinandersetzung mit einem fremden Aufsatz lassen sich – im Vergleich – eigene „Schwächen und Stärken" erkennen, z. B. bei der exakten Textwiedergabe, bei der schlüssigen Gliederung, bei der logischen Verknüpfung der Teile oder einfach beim klar verständlichen Ausformulieren der Gedanken. Aus (fremden) Fehlern kann man lernen, aber auch aus gelungenen Ansätzen. Die Aufsatzkorrektur setzt eine intensive Textanalyse voraus, die Textvorlage muss immer wieder herangezogen werden. Zudem ist zu prüfen, ob der Aufsatz in sich schlüssig ist, für den Leser verständlich und überzeugend.

Trainingsvorschlag

- Sie entwerfen selbst einen Stichwortzettel für die Lösung der gestellten Aufgaben. Dabei halten Sie sich möglichst an die Arbeitsschritte, die Sie auf der CD-ROM finden. (→ CD, Inter_02.pdf)
- Erst dann nehmen Sie sich den unverändert abgedruckten Schüleraufsatz vor. Sie notieren spontan, was Ihnen auffällt – positiv, negativ, fragwürdig ...
- Beim zweiten, intensiven Lesen überprüfen Sie Ihre Notizen mit Hilfe der Textvorlage und anhand Ihres eigenen Entwurfs.
- Danach verfassen Sie einen kritischen Kommentar und begründen darin Ihre Bewertung anhand folgender Kriterien:
  - Ist die Aufgabenstellung genau beachtet?
  - Ist der Text in seiner Gesamtheit erfasst?
  - Ist die Textwiedergabe knapp und gut strukturiert?
  - Ist die Beschreibung formaler Elemente auf die Aussage bezogen?
  - Besteht ein klarer Aufbau?
  - Ist die Gedankenführung überzeugend?
  - Ist die Darstellung anschaulich?
  - Sind Aussagen mit Zitaten belegt?
  - Ist die Interpretation sprachlich und stilistisch sicher?

Lösungsvorschlag

- **Textart:** kurzer Prosatext, eventuell auch Kurzgeschichte (fehlende Einleitung, abrupter Schluss)
- **Thema:** gescheiterter Versuch, eine kritische Situation zu bewältigen; missglückte Kommunikation
- **Inhalt:** Einer älteren Frau, die vom Nachfolger ihres Hausarztes ein Rezept für ihr übliches Medikament verlangt, wird dies verweigert. Ihr Ehemann scheint dem jungen Arzt Recht zu geben. Unklar bleibt, ob und warum die Frau das Medikament wirklich braucht.
- **Form/Dialoganalyse:** Der Text besteht aus drei Dialogen: Arzt – Patientin, Arzt – Ehefrau, Patientin – Ehemann. Die Dialoge werden eingeleitet und unterbrochen durch Erzählerbericht und inneren Monolog.

  Arzt – Patientin: Isabel ist in der Defensive; sie entscheidet sich für einen Gegenangriff, spricht aber nicht aus, was sie über ihren Gesprächspartner denkt und wie sie sich wirklich fühlt. Sie sucht nach Argumenten, um den jungen Arzt zu überreden, dazu schildert sie ihre Situation sehr anschaulich und rational. Ihr konkretes Anliegen formuliert sie salopp in einem Aufforderungssatz: „Geben Sie mir einfach mein altes Zeug wieder." – Dr. Küntzel reagiert gelassen („Ich höre."), zum Teil überheblich („Es ist mein Ehrgeiz ..."). Seine Äußerungen wirken distanziert-ironisch, banal und einstudiert. Mit einer Floskel („Einen schönen Tag noch.") bricht er den Dialog ab.

Arzt – Ehefrau: Das kurze Gespräch mit seiner Frau, die nur neugierig ist, aber nichts zu sagen hat, bestätigt, dass seine Ironie und „Coolness" aufgesetzt, eine „Grimasse" und berechnet sind; er hat noch nicht bemerkt, dass seine „Berechnung" auf einer Fehleinschätzung seiner Patientin beruht.
Patientin – Ehemann: Isabel will sich bei ihrem Mann aussprechen, ihrem Ärger Luft machen. Sie berichtet jetzt ehrlich, bekommt aber nur einen „geknurrten" zynischen Kommentar zurück.

- **Deutung:** Der letzte Satz offenbart, dass Isabel auch bei ihrem Ehemann kein Verständnis findet: Auch er ist zu einem ernsthaften Gespräch nicht fähig oder nicht willens. Ihr „Leiden", vom Leser wohl zunächst als Einbildung oder Medikamentensucht qualifiziert, kann vom Schluss her auch so gedeutet werden, dass sie keine Akzeptanz, kein Verständnis, keine Zuwendung findet und sich deshalb in die Krankheit flüchtet bzw. tatsächlich krank wird.
  Ob sie „zu viel" verlangt oder zu wenig bekommt, muss der Leser abwägen. Ihr „Verlangen" konkretisiert sich ja in ganz unterschiedlichen Bereichen: Sie will, dass ihr ein Medikament verschrieben wird, sie will, dass es ihr gut geht, sie will, dass sie ernst genommen wird. Vorzuwerfen ist wohl allen handelnden Personen, dass sie sich verstellen, verschanzen, dem Gegenüber nicht offen begegnen.

Schüleraufsatz

Gabriele Wohmann: Sie verlangen zu viel

Die Kurzgeschichte „Sie verlangen zu viel" von Gabriele Wohmann stellt einen typischen Dialog zwischen einer alten Patientin und einem jungen Arzt dar, und wie beide einander falsch einschätzen. In der Geschichte versucht Isabel dem Nachfolger ihres früheren Arztes zu verdeutlichen, dass er ihr wieder das gleiche Medikament wie sein Vorgänger, gegen ihre innere Unruhe verschreiben sollte. Der neue Arzt möchte Isabel jedoch von diesem Medikament abbringen, da es sie nicht glücklich machen würde.
Formal wird der Dialog nicht durch Anführungszeichen von den Gedanken der jeweils sprechenden Person getrennt. Dies verdeutlicht somit, dass das Gesagte und das Gedachte eng miteinander verknüpft sind, trotzdem sagt keiner der Beiden, was er oder sie wirklich denkt bzw. fühlt. Deshalb ist es auch nicht weiter verwunderlich, dass beide einander mißverstehen. Isabel hält den neuen Doktor für zu jung und für einen Kindskopf. Aus Seinem Dauergrinsen schließt sie, dass er sie für eine „amüsant verdrehte alte Schrulle" halten muß, was sie aber natürlich ihrer Meinung nach nicht ist. Sich selbst hält Isabel für zu aufgeregt, deswegen möchte sie auch ein Rezept für ihr altes Medikament haben, damit sie wieder ruhiger wird.
Doktor Küntzel ist aber nicht der grinsende Kindskopf für den sie ihn hält. In Wirklichkeit ist er ein ernster Mensch. Er verstellt sich bloß ihr zuliebe, da er davon ausgeht, dass sie Ironie mag.
Aus dem ganzen Hin und Her erfährt der Leser, dass Isabel eine ältere Frau ist und der Arzt, im Gegenteil zu ihr, recht jung. Sie fühlt sich von ihm nicht richtig ernstgenommen, insbesondere auf Grund seines Dauerlächelns und seiner Ironie. Der Leser kann aus all dem die Klufft zwischen jung und alt erkennen, die oftmals zu Mißverständnissen führt. Trotz der Tatsache, dass beide das gleiche Ziel haben, nämlich das es Isabel gut geht, fassen sie dieses unterschiedlich auf. Dabei gehen sie nicht offen miteinander um. Die wahren Gefühle werden nicht wirklich zum Ausdruck gebracht. Isabel läßt es sich nicht anmerken, wie sehr sie leidet, zieht es aber auch nicht in Erwägung, dass der Arzt ihr das Rezept wohl kaum spasses halber vorenthält. Der Arzt wiederum sagt nicht wirklich, dass er Bedenken bei der Anwendung hat, da es vielleicht zu negativen Nebenwirkungen, oder ähnlichem, kommen könnte. Er sagt lediglich, er wolle sie von dem Medikament abbringen und spricht dann in Metaphern von der rosaroten Brille, welche bekanntlich den Blick trübe.
Im Großen und Ganzen bringt der Text zum Ausdruck, das nur Offenheit dem Gefühl mißverstanden zu werden vorbeugen kann. Sich zu verstellen bringt einen nicht weiter. Isabel wird bestimmt weiterhin versuchen das notwendige Rezept zu erhalten und Doktor Küntzel ihr weiterhin den Zyniker vorgaukeln, so lange sie nicht auf die Idee kommen mehr aufeinander einzugehen.

Kriterien zur Bewertung eines Interpetationsaufsatzes

Kriterum	Kommentar
Aufgabenstellung genau beachtet	weitgehend vernachlässigt
Text in seiner Gesamtheit erfasst	zum Teil missverstanden
Textwiedergabe knapp, strukturiert	verständlich, dem Text folgend
Beschreibung formaler Elemente auf Aussage bezogen	ist kaum vorhanden, einige wenige Stilfiguren sind genannt, aber nicht erläutert
klarer Aufbau	keine vernünftige Gliederung erkennbar
überzeugende Gedankenführung	kein logischer Zusammenhang
anschauliche Darstellung	unübersichtlich
Aussagen mit Zitaten belegt	Zitate nicht überzeugend ausgewählt
sprachliche und stilistische Sicherheit	Stilbrüche, schlechte Formulierungen; zahlreiche Grammatik- und Rechtschreibfehler

Inwieweit entspricht der Aufsatz den Kriterien?

Für die Abfassung des Kommentars betrachten Sie zuerst die positiven Anmerkungen, z. B.:

Kriterum	Kommentar
pers. Auseinandersetzung mit dem Text	erkennbar
Reflexion über die Beziehung zwischen Arzt und Patientin	wichtiger Aspekt ist erfasst
Darstellung von Gesagtem und Gedachtem	verständige Textwiedergabe
Erkennen der Verstellung und der daraus resultierenden Kommunikationsstörung	Aussage kommentiert und mit Zitaten belegt
weitgehend sprachliche Sicherheit	siehe unten!

Bemängeln müssen Sie:

Kriterum	Kommentar
die Beschränkung der Dialoganalyse auf Arzt – Patientin	wesentlicher Teil der Aufgabe ist nicht erfüllt
den unzureichenden Interpretationsansatz (Missverständnis zwischen Jung und Alt)	Text ist nicht in seiner Gesamtheit erfasst
den wenig glaubhaften Schluss	keine überzeugende Gedankenführung
die abnehmende stilistische Qualität	siehe oben!

Zur **Bewertung** ziehen Sie Ihren eigenen Lösungsentwurf heran und stellen fest, dass einige, zum Teil wesentliche Punkte fehlen. Andererseits hat sich der Verfasser mit Teilaspekten des Textes sehr gründlich auseinandergesetzt und seine Erkenntnisse verständlich und überzeugend formuliert. Demnach erscheint eine Bewertung im Bereich „befriedigend – ausreichend" gerechtfertigt.

1.3 Erfassen und Deuten von Textsignalen

M 1 Max Frisch Homo faber. Ein Bericht

Der Schweizer Ingenieur Walter Faber, der in den USA lebt und für die Unesco arbeitet, befindet sich auf einem Flug von New York nach Caracas. Während sein Nachbar, der aus Düsseldorf kommt, einen Roman liest, schläft Faber und träumt, dass ihm alle Zähne ausgefallen sind.

Ich war, kaum erwacht, sofort im Bild:
Unter uns das offene Meer –
Es war der Motor links, der die Panne hatte; ein Propeller als starres Kreuz im wolkenlosen Himmel – das war alles.
Unter uns, wie gesagt, der Golf von Mexico.
Unsere Stewardeß, ein Mädchen von zwanzig Jahren, ein Kind mindestens ihrem Aussehen nach, hatte mich an der linken Schulter gefaßt, um mich zu wecken, ich wußte aber alles, bevor sie's erklärte, indem sie mir eine grüne Schwimmweste reichte; mein Nachbar war eben dabei, seine Schwimmweste anzuschnallen, humorig wie bei Alarm-Übungen dieser Art –
Wir flogen mindestens auf zweitausend Meter Höhe.
Natürlich sind mir keine Zähne ausgefallen, nicht einmal mein Stiftzahn, der Vierer oben rechts; ich war erleichtert, geradezu vergnügt.
Im Korridor, vorn, der Captain:
There is no danger at all –
Alles nur eine Maßnahme der Vorsicht, unsere Maschine ist sogar imstande mit zwei Motoren zu fliegen, wir befinden uns 8,5 Meilen von der mexikanischen Küste entfernt, Kurs auf Tampico, alle Passagiere freundlich gebeten, Ruhe zu bewahren und vorläufig nicht zu rauchen.
Thank you.
Alle saßen wie in einer Kirche, alle mit grünen Schwimmwesten um die Brust, ich kontrollierte mit meiner Zunge, ob mir wirklich keine Zähne wackelten, alles andere regte mich nicht auf.
Zeit 10.25 Uhr.
Ohne unsere Verspätung wegen Schneesturm in den nördlichen Staaten wären wir jetzt in Mexico-City gelandet, ich sagte es meinem Düsseldorfer – bloß um zu reden. Ich hasse Feierlichkeit.
Keine Antwort.
Ich fragte nach seiner genauen Zeit –
Keine Antwort.
Die Motoren, die drei anderen, liefen in Ordnung, von Ausfall nichts zu spüren, ich sah, daß wir die Höhe hielten, dann Küste im Dunst, eine Art von Lagune, dahinter Sümpfe. Aber von Tampico noch nichts zu sehen. Ich kannte Tampico von früher, von einer Fischvergiftung, die ich nicht vergessen werde bis ans Ende meiner Tage.
„Tampico", sagte ich, „das ist die dreckigste Stadt der Welt. Ölhafen, Sie werden sehen, entweder stinkt's nach Öl oder nach Fisch –"
Er fingerte an seiner Schwimmweste.
„Ich rate Ihnen wirklich", sagte ich, „essen Sie keinen Fisch, mein Herr, unter keinen Umständen –"
Er versuchte zu lächeln.
„Die Einheimischen sind natürlich immun", sagte ich, „aber unsereiner –"
Er nickte, ohne zu hören. Ich hielt ganze Vorträge, scheint es, über Amöben, beziehungsweise über Hotels in Tampico. Sobald ich merkte, daß er gar nicht zuhörte, mein Düsseldorfer, griff

ich ihn am Ärmel, was sonst nicht meine Art ist, im Gegenteil, ich hasse diese Manie, einander am Ärmel zu greifen. Aber anders hörte er einfach nicht zu. Ich erzählte ihm die ganze Geschichte meiner langweiligen Fischvergiftung in Tampico, 1951, also vor sechs Jahren – Wir flogen indessen, wie sich zeigte, gar nicht der Küste entlang, sondern plötzlich landeinwärts. Also doch nicht Tampico! Ich war sprachlos, ich wollte mich bei der Stewardeß erkundigen.

Rauchen wieder gestattet!

Die Leute redeten wieder.

Eine anständige Landkarte, wie bei der Swissair immer zur Hand, gab es hier nicht, und was mich nervös machte, war lediglich diese idiotische Information: Kurs nach Tampico, während die Maschine landeinwärts fliegt – steigend, wie gesagt, mit drei Motoren, ich beobachtete die drei glitzernden Scheiben, die manchmal zu stocken scheinen, was auf optischer Täuschung beruht, ein schwarzes Zucken wie üblich. Es war kein Grund, sich aufzuregen, komisch nur der Anblick: das starre Kreuz eines stehenden Propellers bei voller Fahrt.

Unsere Stewardeß tat mir leid.

Sie mußte von Reihe zu Reihe gehen, lächelnd wie Reklame, und fragen, ob jedermann sich wohlfühle in seiner Schwimmweste; sobald man ein Witzchen machte, verlor sie ihr Lächeln. Ob man im Gebirge schwimmen könne? fragte ich –

Order war Order.

Ich hielt sie am Arm, die junge Person, die meine Tochter hätte sein können, beziehungsweise am Handgelenk; ich sagte ihr (natürlich zum Spaß!) mit erhobenem Finger, sie habe mich zu diesem Flug gezwungen, jawohl, niemand anders als sie – sie sagte:

„There is no danger, Sir, no danger at all. We're going to land in Mexico-City in about one hour and twenty minutes."

Das sagte sie jedem.

Ich ließ sie los, damit sie wieder lächeln und ihre Pflicht erfüllen konnte, schauen, ob jedermann angeschnallt war. Kurz darauf hatte sie Order, Lunch zu bringen, obschon es noch nicht Lunchtime war ... Zum Glück hatten wir schönes Wetter auch über Land, fast keine Wolken, jedoch Böen wie üblich vor Gebirgen, die normale Thermik, so daß unsere Maschine sackte, schaukelte, bis sie sich wieder im Gleichgewicht hatte und stieg, um neuerdings zu sacken mit schwingenden Tragflächen; Minuten lang flog man vollkommen ruhig, dann wieder ein Stoß, so daß die Tragflächen wippten, und wieder das Schlenkern, bis die Maschine sich fing und stieg, als wäre es für immer in Ordnung, und wieder sackte – wie üblich bei Böen.

In der Ferne die blauen Gebirge.

Sierra Madre Oriental.

Unter uns die rote Wüste.

Als kurz darauf – wir erhielten gerade unsren Lunch, mein Düsseldorfer und ich, das übliche: Juice, ein schneeweißes Sandwich mit grünem Salat – plötzlich ein zweiter Motor aussetzte, war die Panik natürlich da, unvermeidlich, trotz Lunch auf dem Knie. Jemand schrie.

Von diesem Augenblick an ging alles sehr rasch –

Offenbar befürchtete man noch den Ausfall der anderen Motoren, so daß man sich zur Notlandung entschloß. Jedenfalls sanken wir, der Lautsprecher knackte und knarrte, so daß man von den Anweisungen, die gegeben werden, kaum ein Wort versteht.

Meine erste Sorge: wohin mit dem Lunch?

Wir sanken, obschon zwei Motoren, wie gesagt, genügen sollten, das reglose Pneu-Paar in der Luft, wie üblich vor einer Landung, und ich stellte meinen Lunch einfach auf den Boden des Korridors, dabei befanden wir uns noch mindestens fünfhundert Meter über dem Boden.

Jetzt ohne Böen.

No smoking.

Die Gefahr, daß unsere Maschine bei der Notlandung zerschellt oder in Flammen aufgeht, war mir bewußt – ich staunte über meine Ruhe.

Ich dachte an niemand.

Alles ging sehr geschwind, wie schon gesagt, unter uns Sand, ein flaches Tal zwischen Hügeln, die felsig zu sein schienen, alles vollkommen kahl, Wüste –

Eigentlich war man nur gespannt.

Wir sanken, als läge eine Piste unter uns, ich preßte mein Gesicht ans Fenster, man sieht ja diese Pisten immer erst im letzten Augenblick, wenn schon die Bremsklappen draußen sind. Ich wunderte mich, daß die Bremsklappen nicht kommen. Unsere Maschine vermied offensichtlich jede Kurve, um nicht abzusacken, und wir flogen über die günstige Ebene hinaus, unser Schatten flog immer näher, er sauste schneller als wir, so schien es, ein grauer Fetzen auf dem rötlichen Sand, er flatterte.

Dann Felsen –

Jetzt stiegen wir wieder.

Dann, zum Glück, neuerdings Sand, aber Sand mit Agaven, beide Motoren auf Vollgas, so flogen wir Minuten lang auf Haushöhe, das Fahrgestell wurde wieder eingezogen. Also Bauchlandung! Wir flogen, wie man sonst in großen Höhen fliegt, ziemlich ruhig und ohne Fahrgestell – aber auf Haushöhe, wie gesagt, und ich wußte, es wird keine Piste kommen, trotzdem preßte ich das Gesicht ans Fenster.

Plötzlich war unser Fahrgestell neuerdings ausgeschwenkt, ohne daß eine Piste kam, dazu die Bremsklappen, man spürte es wie eine Faust gegen den Magen, Bremsen, Sinken wie im Lift, im letzten Augenblick verlor ich die Nerven, so daß die Notlandung – ich sah nur noch die flitzenden Agaven zu beiden Seiten, dann beide Hände vors Gesicht! – nichts als ein blinder Schlag war, Sturz vornüber in die Bewußtlosigkeit.

Dann Stille.

Wir hatten ein Affenschwein, kann ich nur sagen, niemand hatte auch nur eine Nottüre aufgetan, ich auch nicht, niemand rührte sich, wir hingen vornüber in unseren Gurten.

„Go on“, sagte der Captain, „go on!“

Niemand rührte sich.

„Go on!“

Zum Glück kein Feuer, man mußte den Leuten sagen, sie dürften sich abschnallen, die Türe war offen, aber es kam natürlich keine Treppe angerollt, wie man's gewohnt ist, bloß Hitze, wie wenn man einen Ofen aufmacht, Glutluft.

Ich war unverletzt.

Endlich die Strickleiter!

Man versammelte sich, ohne daß es eine Order brauchte, im Schatten unter der Tragfläche, alle stumm, als wäre Sprechen in der Wüste strengstens verboten. Unsere Super-Constellation stand etwas vornüber gekippt, nicht schlimm, nur das vordere Fahrgestell war gestaucht, weil eingesunken im Sand, nicht einmal gebrochen. Die vier Propeller-Kreuze glänzten im knallblauen Himmel, ebenso die drei Schwanzsteuer. Niemand rührte sich, wie gesagt, offenbar warteten alle, daß der Captain etwas sagte.

„Well“, sagte er, „there we are!“

Er lachte.

Ringsum nichts als Agaven, Sand, die rötlichen Gebirge in der Ferne, ferner als man vorher geschätzt hat, vor allem Sand und nochmals Sand, gelblich, das Flimmern der heißen Luft darüber Luft wie flüssiges Glas. –

Zeit: 11.05 Uhr.

Ich zog meine Uhr auf –

Die Besatzung holte Wolldecken heraus, um die Pneus vor der Sonne zu schützen, während wir in unseren grünen Schwimmwesten umherstanden, untätig. Ich weiß nicht, warum niemand die Schwimmweste auszog. [...]

Unser Aufenthalt in der Wüste von Tamaulipas, Mexico, dauerte vier Tage und drei Nächte, total 85 Stunden, worüber es wenig zu berichten gibt – ein grandioses Erlebnis (wie jedermann zu erwarten scheint, wenn ich davon spreche) war es nicht. Dazu viel zu heiß! Natürlich dachte ich auch sofort an den Disney-Film, der ja grandios war, und nahm sofort meine Kamera; aber von Sensation nicht die Spur, ab und zu eine Eidechse, die mich erschreckte, eine Art von Sandspinnen, das war alles.

Es blieb uns nichts als Warten.

Das erste, was ich in der Wüste von Tamaulipas tat: ich stellte mich dem Düsseldorfer vor, denn er interessierte sich für meine Kamera, ich erläuterte ihm meine Optik.

Andere lasen.

Zum Glück, wie sich bald herausstellte, spielte er auch Schach, und da ich stets mit meinem Steck-Schach reise, waren wir gerettet; er organisierte sofort zwei leere Coca-Cola-Kistchen, wir setzten uns abseits, um das allgemeine Gerede nicht hören zu müssen, in den Schatten unter dem Schwanzsteuer – kleiderlos, bloß in Schuhen (wegen der Hitze des Sandes) und in Jockey-Unterhosen.

Unser Nachmittag verging im Nu.

Kurz vor Einbruch der Dämmerung erschien ein Flugzeug, Militär, es kreiste lange über uns, ohne etwas abzuwerfen, und verschwand (was ich gefilmt habe) gegen Norden, Richtung Monterrey.

Abendessen: ein Käse-Sandwich, eine halbe Banane.

Ich schätze das Schach, weil man Stunden lang nichts zu reden braucht. Man braucht nicht einmal zu hören, wenn der andere redet. Man blickt auf das Brett, und es ist keineswegs unhöflich, wenn man kein Bedürfnis nach persönlicher Bekanntschaft zeigt, sondern mit ganzem Ernst bei der Sache ist –

Frisch, Max: Homo faber. Aus: ders.: Homo faber. Ein Bericht. © Suhrkamp Verlag, Frankfurt, 1977, Seiten 16 – 23.
Dieser Text ist aus rechtlichen Gründen in der alten Rechtschreibung abgedruckt.

Aufgabe

Interpretieren Sie diesen Text.
Mögliche Unteraufgaben zur Hilfestellung:

- *Wie schildert das erzählende Ich das Geschehen?*
- *Wie beschreibt und kommentiert Walter sein eigenes Verhalten?*
- *Wie will er sich selbst darstellen?*
- *Welche Schlüsse kann der Leser aus der sprachlichen Gestaltung ziehen?*

Hinweis zur Aufgabenstellung

Grundsätzlich kann für die Interpretation eines Romanausschnittes dasselbe Verfahren angewendet werden wie für die Interpretation eines abgeschlossenen literarischen Textes. Zusätzlich ist jedoch zu bedenken, dass es sich um einen Auszug aus einem größeren Werk handelt – das bedeutet z. B., dass Beginn und Ende der Textstelle nicht vom Autor als „Anfang" und „Schluss" einer Erzählung gesetzt wurden. Vielmehr ist darauf zu achten, welche „Signale" über den Text hinausweisen und bestimmte Erwartungen beim Leser wecken.

Lösungsvorschlag

Wenn Sie den ganzen Roman gelesen und im Unterricht besprochen haben, müssen Sie untersuchen, welche Funktion die vorliegende Textstelle für das Verständnis des gesamten „Berichts" hat, inwiefern sie typische Ausdrucks- und Verhaltensweisen des Ich-Erzählers aufzeigt.
Sie können aber zunächst versuchen, anhand der Hilfsfragen die notwendigen Vorarbeiten einer textimmanenten Interpretation zu erledigen.

Wie schildert das erzählende Ich das Geschehen?

(Die folgende Tabelle ist nur ein Modell, nicht vollständig!)

Chronologischer Ablauf		Schilderung
Faber wird geweckt.	1	– Ich war ... sofort im Bild.
Ein Motor ist ausgefallen.	2	a) Es war der Motor links ... b) Das war alles.
Die Stewardess gibt Informationen und verteilt Schwimmwesten.	3	a) Ich wusste aber alles, bevor sie's erklärte. b) humorig wie bei Alarmübungen dieser Art c) Wir fliegen unterdessen auf zweitausend Meter Höhe.
Der Captain beruhigt die Fluggäste.	4	a) Im Korridor, vorn. b) There is no danger at all.
Die Maschine fliegt weiter.	5	a) Zeit: 10.25 b) Ich sah, dass wir die Höhe hielten, dann Küste im Dunst.
Das Flugzeug weicht vom Kurs ab.	6	a) wie sich zeigte ... plötzlich landeinwärts b) Ich wollte mich bei der Stewardess erkundigen. c) Was mich nervös machte, war lediglich diese idiotische Information. d) Es war kein Grund, sich aufzuregen.
Der Lunch wird gebracht.	7	– das Übliche
Ein zweiter Motor setzt aus.	8	– war die Panik natürlich da, unvermeidlich, trotz Lunch auf dem Knie
Das Flugzeug sinkt.	9	a) Wir sanken, obschon zwei Motoren, wie gesagt, genügen sollten. b) No Smoking c) Alles ging sehr geschwind. d) Eigentlich war man nur gespannt.
Das Fahrgestell wird eingezogen.	10	– Also Bauchlandung!
Die Notlandung in der Wüste gelingt.	11	– Wir hatten ein Affenschwein, kann ich nur sagen.
Die Passagiere verlassen das Flugzeug über eine Strickleiter.	12	a) Natürlich keine Treppe, wie man's gewohnt ist. b) Unsere Super-Constellation stand etwas vornüber gekippt, nicht schlimm. c) Zeit: 11.05

Aus der Gegenüberstellung ergibt sich

Der Erzähler weiß immer Bescheid

- aufgrund seiner genauen Beobachtung (z. B. 1, 2 a, 5 b, 6 a),
- aufgrund seines technischen Wissens (z. B. 3, 9 a, 10) und
- aufgrund seiner Erfahrung (z. B. 3 a, b, 7, 12);
- und was er sich nicht erklären kann, will er sofort erfragen (6 b, c).

Besonderen Wert legt er auf

- genaue Orts- und Zeitangaben (z. B. 4 a, 5 a, 12 c) und
- wörtliche Wiedergabe (z. B. 4 b, 9 b).

Die Dramatik des Geschehens spielt er durch seine sachliche Beschreibung herunter.

Folgerung

Aus der Sicht des Erzählers handelt es sich um ein nachvollziehbares, folgerichtig ablaufendes Geschehen. Dass die Notlandung glimpflich verlaufen ist, führt er darauf zurück, dass niemand etwas Falsches gemacht hat. Er ist ein genauer Beobachter, er erfasst, registriert und erklärt die Fakten rational.

Wie beschreibt und kommentiert Walter Faber sein eigenes Verhalten?

Walter Faber, von der Stewardess geweckt, ist „sofort im Bild", er bleibt ganz gelassen, „kontrolliert" nur, ob er den Ausfall seiner Zähne wirklich nur geträumt hat – „alles andere regte mich nicht auf". Dann versucht er ein Gespräch mit seinem Nachbarn – „bloß um zu reden". Er fragt, er sagt etwas (viermal!), er erzählt von Tampico, er hält „ganze Vorträge, scheint es", er greift den Düsseldorfer am Ärmel, um ihn zum Zuhören zu zwingen. Dieses Verhalten glaubt er rechtfertigen zu müssen, denn „ich hasse diese Manie, einander am Ärmel zu greifen". Er tut, „was sonst nicht meine Art ist", denn „anders hörte er einfach nicht zu".
Er ist offensichtlich nervös, obwohl die Maschine wieder steigt und die Leute wieder reden, aber „was mich nervös machte, war lediglich diese idiotische Information: Kurs auf Tampico." Er beklagt, dass es keine „anständige Landkarte" gibt, an der er sich orientieren könnte, er beobachtet ständig die Propeller; dass einer steht, empfindet er als „komisch".
Er beobachtet auch die Stewardess, „die junge Person, die meine Tochter hätte sein können"; er versucht „Witzchen" zu machen, will auch mit ihr ins Gespräch kommen, weshalb er sie am Arm, „beziehungsweise am Handgelenk" (er will ja genau sein!) festhält. Dass er sie wieder loslässt, begründet er damit, dass er sie nicht von ihren Pflichten abhalten wolle.
Als der zweite Motor aussetzt, registriert er die Reaktionen der anderen Fluggäste und das Knacken des Lautsprechers, er selbst sorgt sich: „Wohin mit dem Lunch?" Dass er so ruhig bleibt, erstaunt ihn selbst, denn er denkt natürlich an mögliche Folgen einer Notlandung, aber er denkt „an niemand". Er verfolgt die Manöver des Flugzeugs, presst sein Gesicht ans Fenster, um die Landestelle zu sehen, wissend, dass es keine Piste geben wird. Dass er trotzdem „im letzten Augenblick" die Kontrolle verliert, kommentiert er nicht, konstatiert nur, dass auch er keine Nottüre aufgetan und unverletzt überlebt hat. Noch bevor er die Schwimmweste auszieht, zieht er seine Uhr auf.
Den Aufenthalt in der Wüste will er „sofort" für Filmaufnahmen nutzen; er kann nichts Sensationelles finden (nur Natur!), aber immerhin dem Düsseldorfer die Kamera erklären und ihn zum Schachspielen auffordern. So muss er niemandem zuhören und braucht selbst nicht zu reden.

Zusammenfassung

Auch sein eigenes Verhalten registriert Faber sehr genau und beschreibt es wie ein distanzierter Berichterstatter. Begründungen und Kommentare gibt er nur dann, wenn er sich verhält, wie es sonst nicht seine Art ist; sie sind eine Art Rechtfertigung. Für die Tatsache, dass er einmal kurz die Nerven verliert, hat er keine Erklärung.

Wie will er sich selbst darstellen?

Die Beantwortung dieser Frage kann sich zum Teil auf die vorausgehenden Überlegungen und Ergebnisse stützen:

- Faber will sich als rational denkenden Mann darstellen, der die jeweilige Sachlage genau erkennt und dementsprechend vernünftig und überlegen handelt.
- Er äußert wiederholt, wie wenig ihn die Ereignisse berühren; weiß alles, hat alles schon erlebt.
- Er kennt Flugstrecken, Landschaften und Städte, ist mit allen Ritualen im Flugbetrieb vertraut.
- Er verweist auf seine Kenntnisse als Techniker, der die Vorgänge genau beobachtet und analysiert.

- Er betont, wie gelassen und ruhig er bleibt im Gegensatz zu anderen Leuten, mit denen er nichts zu tun haben möchte.
- Er will gesehen werden als absolut selbstsicherer, durch nichts zu erschütternder, von niemandem abhängiger, überlegt reagierender Mensch, der jede Situation meistert, weil er sich kraft seines analytischen Verstandes darauf einstellen kann.
- „Ausnahmen" vom Idealverhalten gibt er zu, kann sie aber rational begründen.

Welche Schlüsse kann der Leser aus der sprachlich-stilistischen Gestaltung ziehen?

Insgesamt entspricht der nüchtern, sachlich und knapp formulierte Text der Wahrnehmungs- und Denkweise des Bericht erstattenden Walter Faber. Er verzichtet auf schmückendes Beiwerk (z. B. schmückende Adjektive) und explizite logische Verknüpfungen (z. B. Konjunktionen), weil diese für einen Techniker überflüssig sind.
An einigen Beispielen kann die Entsprechung von sprachlicher Form und beabsichtigter Wirkung nachgewiesen werden:

sprachliche Form	beabsichtigte Wirkung
„Zum Glück hatten wir schönes Wetter auch über Land, fast keine Wolken, jedoch Böen wie üblich vor Gebirgen, die normale Thermik ..."	Aneinanderreihung, kein Satzgefüge: Informationen folgen dicht gedrängt, Eindruck eines unpoetischen Berichts
„Unter uns das offene Meer." – „Keine Antwort." – „Jetzt ohne Böen."	Prädikate, auch Subjekte fehlen: Durch Ellipsen wird die Aussage auf das Wesentliche reduziert.
„neuerdings Sand, aber Sand mit Agaven, beide Motoren auf Vollgas, so flogen wir Minuten lang auf Haushöhe, das Fahrgestell wurde wieder eingezogen." „Unsere Super-Constellation stand etwas vornüber gekippt, ... das vordere Fahrgestell war gestaucht, weil eingesunken im Sand, nicht einmal gebrochen."	Detailinformationen, unnötig genaue Angaben spiegeln die pedantisch-analytische Wahrnehmung der Außenwelt wider.
„wie gesagt", „wie üblich", „wie üblich", „das Übliche", „wie schon gesagt ..."	Die häufige Wiederholung dieser Floskeln unterstreicht Fabers Überzeugung, nichts Ungewöhnliches, nichts Neues erfahren zu können.
„Wir hatten ein Affenschwein, kann ich nur sagen."	Die umgangssprachliche Formulierung verdeckt die wahren Empfindungen.

Ergebnis

Max Frisch lässt einen Techniker sprechen, der die Außenwelt genau beobachtet und die Innenwelt ignoriert, Fakten registriert und gedrängt mitteilt, aber ausblendet, was nicht rational erfassbar oder für den rational Denkenden unwesentlich ist.

2_Interpretation von lyrischen Texten

2.1 Lesarten – Bandbreite der Interpretation

M 1 Friedrich Hölderlin Hälfte des Lebens (1803)

Mit gelben Birnen hänget
Und voll mit wilden Rosen
Das Land in den See.
Ihr holden Schwäne,
Und trunken von Küssen
Tunkt ihr das Haupt
Ins heilig nüchterne Wasser.

Weh mir, wo nehm ich, wenn
Es Winter ist, die Blumen, und wo
Den Sonnenschein,
Und Schatten der Erde?
Die Mauern stehn
Sprachlos und kalt, im Winde
Klirren die Fahnen.

Hölderlin, Friedrich: Hälfte des Lebens.
Aus: ders.: Sämtliche Werke und Briefe. Hrsg. von Günter Mieth. Bd. 1. Carl Hanser Verlag, München, 1970.

Aufgabe

Interpretieren Sie dieses Gedicht.
Mögliche Unteraufgaben als Hilfestellung:

- *Achten Sie auf die äußere und innere Gliederung.*
- *Beschreiben Sie die Situation des lyrischen Ich.*
- *Beziehen Sie die Überschrift in Ihre Deutung mit ein.*

Lösungsvorschlag

Erster Schritt: Wie wirkt der Text?

Beim ersten Lesen fällt auf, dass das Gedicht nicht nur äußerlich aus zwei „Hälften" besteht. Die beiden Strophen wirken ganz gegensätzlich: Die erste Strophe versetzt den Leser in eine harmonische Spätsommer-Landschaft, in der zweiten Strophe begegnet er einem verzweifelten lyrischen Ich, das unter der Kälte des Winters leidet. Die erste Strophe vermittelt eine heitere, gelassene, fast feierliche Stimmung, die zweite Strophe wirkt wie eine ängstliche Klage. Die Überschrift suggeriert, dass die unterschiedlichen Jahreszeiten unterschiedlichen Lebensabschnitten entsprechen.

Zweiter und dritter Schritt: Was steht in dem Text? Wie ist er geschrieben?

Hier ein möglicher Entwurf einer Textbeschreibung zu Form und Inhalt:
Die zwei Strophen des Gedichts zeigen zwei polar entgegengesetzte Welten: Die erste Strophe enthält Momentaufnahmen beim Betrachten einer Landschaft – im Spätsommer (!) –, die zweite eine bange Frage und die Beschreibung einer trostlosen Situation – im Winter(!).
Wie mit einer Kamera fängt der Dichter zunächst die Totale ein, das „Land", das in den See „hängt". Dieses Bild verdeutlicht die Harmonie der Elemente, in die das lyrische Ich sich integriert hat. Es erscheint nur implizit in der Anrede der Schwäne, die wie eine Mittelachse zwischen den ersten und den letzten drei Versen der ersten Strophe steht. Die Schwäne, oft Sinnbild für Liebende, werden als Detail in den Blickpunkt gerückt: Die Liebe, die „Küsse" haben sie „trunken" gemacht, weshalb sie ihr „Haupt" ins Wasser tauchen (auffällige Personifikation!).
Landschaftsbild und Bildausschnitt sind in parataktischen, parallel gestalteten Satzeinheiten gefasst, locker und an ungewohnter Stelle mit „und" verbunden (Inversion!). Sowohl das Gesamtbild als auch den Bildausschnitt hat der Dichter üppig gezeichnet, indem er aussagestarke Adjektive und Verben verwendet. Wörter und Laute sind so angeordnet, dass sich ein gelöst schwingender, leicht steigender Rhythmus ergibt.
In der zweiten Strophe dagegen wird der Rhythmus immer wieder blockiert, die Sätze klingen hart, zerrissen, unmelodisch. Am Anfang steht ein Ausruf („weh mir"), der in eine Frage mündet, eine rhetorische Frage, auf die keine Antwort erwartet wird. Vielmehr handelt es sich um die Klage des lyrischen Ich, das jetzt explizit und isoliert auftritt, das Angst hat vor dem Winter, wenn es keine Blumen, weder Sonnenschein noch Schatten gibt. Der Frage folgt eine nüchterne Beschreibung lebloser Dinge (ohne „beseelende" Attribute wie in der ersten Strophe): Es herrscht Kälte, Erstarrung.

Tipp

Für die Analyse eines lyrischen Textes sind folgende Fragen möglich
- Wie ist das Gedicht formal gegliedert? (Strophen, Verse)
- Wie entsprechen sich inhaltliche und formale Gliederung? (Parallelität, Betonung, Gegensatz)
- Womit beginnt, wie endet das Gedicht? (Führung des Lesers)
- Welche Funktion haben Ort und Zeit? (Landschaft/Innenraum, Jahres-/Tageszeit ...)
- Welche Rolle spielt das lyrische Ich? (handelnd, betrachtend)
- Welche Wirkung geht vom Rhythmus, gegebenenfalls von Reim und Versmaß aus? (Harmonie, Unruhe)
- Welche sprachlichen Mittel unterstreichen diese Wirkung? (Satzbau, Wortwahl, Laute ...)
- Wo wird bildlich gesprochen? (Verdeutlichung oder Verrätselung?)

Vierter Schritt: Warum wurde der Text (so) geschrieben? Wie ist er zu deuten? (Detailarbeit)

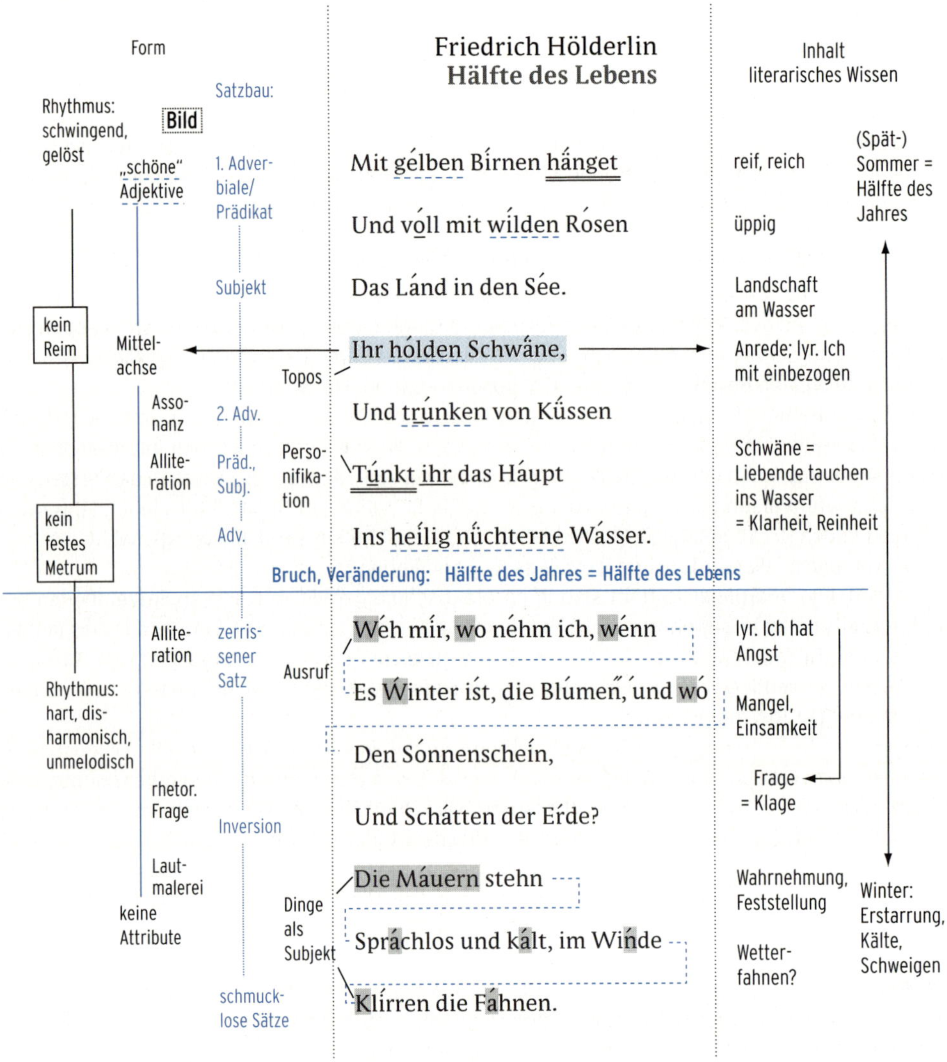

Im Folgenden finden Sie einen tabellarischen, stichwortartigen Entwurf zu den Entsprechungen von Form und Inhalt.

1. Strophe

Form	Inhalt
– parataktische, gleich gebaute Sätze – Apostrophe in der Mitte – klang- und aussagestarke Adjektive – auffällige Lautfolgen, z. B. u-Laute (V. 5, 6) – Alliteration, Assonanz, Stoßlaut: tunken – trunken – Antithese: trunken – nüchtern	– Nebeneinander der Wahrnehmungen – Anrede fremder Lebewesen – Lebewesen und Dinge sind beseelt, üppig. – Tiefe und Dunkelheit – „Abkühlung" der Gefühle Liebe = Leidenschaft, Wasser als reinigendes Element

Deutung

Die Gegenwart erscheint übersichtlich und ausgewogen, die Zukunft planbar; das lyrische Ich wendet sich an die beseelte Natur.
Integration des Menschen: Zugehörigkeits- und Glücksgefühl.

2. Strophe

Form	Inhalt
– Ausruf, Klagelaut	– lyrisches Ich sieht Gefahr, Bedrohung
– rhetorische Frage	– Feststellung der Mangelerscheinungen im Winter: Blumen, Sonne, Schatten fehlen
– verwirrender, disharmonischer Satzbau; Dissonanzen in Sprache und Rhythmus	– eine Sorge gefolgt/durchsetzt von einer anderen
– Substantive ohne Attribute	– Mangel an Dingen, an individuellen Eigenschaften, an Leben
– W-Alliteration	– Dominanz der (W-)Fragen, Dominanz des Winters

Deutung

Das lyrische Ich hat Angst vor der Zukunft. Vision einer Lebenskrise. Der Mangel nicht nur an Annehmlichkeiten, sondern auch an Kommunikation löst Verwirrung und Verunsicherung, eine Bewusstseinskrise aus.
Das beseelte Individuum findet keinen Zugang zu der kahlen, kalten, seelenlosen Umwelt.
Der Mensch ist ausgegrenzt, abgedrängt ins Verstummen, allenfalls fähig zum Selbstgespräch.

gesamter Text

Form	Inhalt
– Gliederung in zwei Strophen, innerhalb der Strophen nochmals Zweiteilung	– Gliederung nach zwei Jahreszeiten, darin je zwei Schilderungen
– sprachliche Bilder, Personifikationen	– Dinge und Lebewesen haben individuelle Eigenschaften.
– Verzicht auf Reime und regelmäßiges Versmaß, bewegter Rhythmus	– wechselnde Szenen, wechselnde Stimmung, wechselnde Haltung des lyrischen Ich

Deutung

Eine textimmanente Interpretation darf vom Titel ausgehen: Das lyrische Ich hat – wie es glaubt – die erste „Hälfte des Lebens" hinter sich. Es nimmt die Lebensmitte als Anlass zur Momentaufnahme und zur Vorausschau auf die zweite Hälfte. Die erste Lebenshälfte wird gleichgesetzt mit Sommer, Wärme, Fülle, Liebe und Harmonie, die zu erwartende zweite Hälfte mit Winter, Kälte, Erstarrung und Isolation.

Tipp

Bei der Ausarbeitung sollten die Form- und Inhaltsspalten jeweils verknüpft werden. Für die Reihenfolge gibt es keine verbindliche Regel. Sie können also entweder mit der **Form** beginnen (etwa: Das Gedicht besteht aus zwei gleich langen Strophen ... Dem entspricht die innere Gliederung ...) oder mit dem **Inhalt** (etwa: Der Dichter entwirft Bilder von zwei sehr verschiedenen Jahreszeiten ... Dem entspricht die äußere Gliederung ...).

Was Ihnen bei der Vorarbeit zur Deutung eingefallen ist, sollten Sie bündeln und strukturieren, z. B. bei der ersten Strophe alles zum Bild der Schwäne, bei der zweiten Strophe alles zur Situation des lyrischen Ich.

Fünfter Schritt: Welche Bedeutung hat der Text für mich?

Die Fragestellung verlangt eine subjektive, ganz persönliche Stellungnahme, die freilich begründet werden muss. Zeitgenössische Kritiker bezeichneten Hölderlins Gedicht nach der Erstveröffentlichung 1804 als „lächerliches Geschwätz", nicht zu verstehende „Faselei", poetischen „Phrasenkram", dunkel und „höchst sonderbar". Diesen Rezensenten haben wohl die Abweichungen vom gewohnten klassischen Muster genügt, um den Text verächtlich abzuurteilen; um eine Deutung haben sie sich erst gar nicht bemüht. Seit Anfang des 20. Jahrhunderts sind sich die Literaten und Literaturwissenschaftler ziemlich einig in ihrer Wertschätzung des Gedichts.
Ein Beispiel für eine sehr persönliche Auseinandersetzung mit Hölderlins Versen ist die folgende Betrachtung der Schriftstellerin Marie Luise Kaschnitz (1901–1974). Sie hat den Text für die Artikelserie „Mein Gedicht" geschrieben, in der sich Autoren zu einem lyrischen Text äußern sollten, der für sie eine besondere Bedeutung hat.

Marie Luise Kaschnitz Mein Gedicht (1959)

Mein Gedicht, das soll doch wohl heißen, eines, das mich immer begleitet hat und das mir nie ganz aus dem Sinn gekommen ist. Ein solches Gedicht ist für mich Hölderlins „Hälfte des Lebens". Als ich es kennenlernte, war ich beinahe noch ein Kind. Ich wusste nicht, dass Hölderlin die Verse kurz vor seiner Erkrankung geschrieben hat, und von einem Gefühl für die Unwiderbringlichkeit vergangener Lebenszeiten war ich noch weit entfernt. Die Landschaft, die ich beim Lesen der ersten Strophe vor Augen hatte, die des Bodensees nämlich mit ihrer nachsommerlichen Fülle von Blumen und Früchten, beglückte mich, das winterliche Bild der sprachlosen Mauern erregte in mir eine Wollust der Einsamkeit, das Klirren der Drähte an den leeren Fahnenstangen war dazu die passende Musik.
Erst in späteren Jahren verstand ich recht eigentlich die schmerzliche Frage und Klage des Gedichts, ich bezog sie auf das Alter, das jedem jungen Menschen als ein halber Tod erscheint und dessen Schrecken ich durch die Vision einer nicht mehr von Blumen und schönen Tieren belebten, grauen Winterlandschaft vollkommen ausgedrückt fand.
Noch später las ich das Gedicht wieder anders, nämlich als tödliche Furcht vor einem krankhaften und doch auch jedem gesunden Menschen bekannten Seelenzustand der inneren Verödung und Kälte, in dem die Dinge ihre Farben, ihren Duft und ihre Stimme verlieren. Diese Furcht vor einer ewigen, nur von kalten metallischen Geräuschen noch erfüllten Gefühllosigkeit weiß der Dichter, der vorher die Liebestrunkenheit und die heilige Nüchternheit seines lebendigen Lebens in so herrlichen Bildern darstellte, auch im Leser und Hörer zu erwecken, nicht nur durch die Wahl seiner Worte, sondern auch durch die Folge seiner Vokale – man vergleiche nur die Lautfolge des Ausgangs der ersten Strophe mit der zweiten, wie da die Vereisung und Verödung schon vom Klang her Ausdruck gewinnt. Auf diese Weise gelang ihm eine so

bestürzende Verdichtung menschlicher Seelenangst, dass das Gedicht mir heute zuweilen nur noch erträglich ist, wenn ich es ritornellartig (wieder naiv) lese, also die Jahreszeiten wieder wörtlich nehme, in ihrem ewigen Wechsel, ihrem Kommen und Gehen.

Kaschnitz, Marie Luise: Mein Gedicht. Aus: dies.: Zwischen Immer und Nie. Gestalten und Themen der Dichtung. Insel Verlag, Frankfurt am Main, 1971.

2

Interpretation und Methode

Ein einzelner Arbeitsschritt ist noch keine Methode der Interpretation, er ist eine Technik, deren sich die unterschiedlichsten Methoden bedienen können. Für die Interpretation eines literarischen Textes ist die Wahl der Methode nicht beliebig, sie kann auch in die Irre führen. So kann z. B. die Entscheidung für einen **biografischen Ansatz** den Blick verstellen für Aussagen, die sich nicht auf das Leben des Dichters beziehen lassen. Wenn Sie bei einer Klausur oder bei der Abiturprüfung mit einem Text eines Ihnen unbekannten Verfassers konfrontiert werden, werden Sie sich in der Regel für die **textimmanente Methode** entscheiden müssen, weil Ihnen keine textexternen Daten zur Verfügung stehen. Ihre Reaktion auf den Text soll natürlich mit herangezogen werden, entweder als Hinführung oder als Ergänzung. Sollten Sie sich aber mit dem Verfasser oder mit der Entstehungszeit schon intensiver befasst haben, können Sie auch versuchen, die Person und die Lebensumstände des Autors oder historisch-politische Fakten miteinzubeziehen.
Im Folgenden finden Sie kurze Auszüge aus zwei „professionellen" Interpretationen, die unterschiedliche methodische Ansätze aufweisen.

Lösungsangebot

Ludwig Strauss Hölderlins „Hälfte des Lebens"

Sommer und Winter als Hälften des Lebens sind nicht Jugend und Alter. Hölderlin weiß und hat es in Briefen und Gedichten mehr als einmal gesagt, wie friedlich, heiter und herrlich das Alter sein kann. Mitten in den Jahren der höchsten Manneskraft, und nicht im Alter, überwältigte ihn die unheilbare Krankheit. Sommer und Winter sind in unserem Gedicht die gesegnete, blühende und fruchtbare Zeit gegen die segenlose, kahle und unfruchtbare, gleichviel sie ineinander verschränkt, in wechselnden kurzen Gezeiten, oder in zwei großen Perioden aufeinander folgen. Hölderlins Naturgefühl war in gesunder Zeit darin der Antike und dem Mittelalter noch nahe, dass er die fruchtbare und gepflegte Landschaft der winterlichen und wilden bei Weitem vorzog. [...] Erst in den Gedichten der Krankheitszeit, die den Titel „Der Winter" tragen, wird die besondere Schönheit des Winters als eine geistige Schönheit, als Ausdruck gesteigerter Klarheit gesehen. [...] Die erste Strophe war ganz Anrede, die zweite ist an niemanden gerichtet; das einsame Ich fragt in die winterliche Leere hinein und findet keine Antwort. In den sprachlosen Mauern schweigt die Welt es an, die vordem ganz Sprache war. [...] Die Aufhebung der Beziehung zwischen Ich und Umwelt, das Vertriebensein ins Selbstgespräch des unbezogenen Ich ist Exil, ist Winter. [...] Die Schwäne sind dem Dichter sonst ein Gleichnis der Liebenden, der exemplarisch bezogenen Person gewesen (Menons Klagen um Diotima), und als dies Gleichnis galt, waren die Liebenden einander Umwelt.

Strauß, Ludwig: Friedrich Hölderlin: Hälfte des Lebens.
Aus: ders.: Dichtungen und Schriften. Hrsg. von Werner Kraft. Kösel Verlag, München, 1963.

Gerolf Fritsch **Das deutsche Naturgedicht**

Sozialhistorisch gewandt zeichnen sich in den Versen, die aus diesem [von Umnachtung beschatteten] Lebensschicksal hervorgehen, die Entwicklungslinien des deutschen Bürgertums in einem fortgeschrittenen Stadium ab. [...] Die oft als beispiellos gerühmte Kontrastbildlichkeit des Gedichts *Hälfte des Lebens* signalisiert am Beginn des Jahrhunderts die im geschichtlichen Sinn unaufhebbar gewordene Widersprüchlichkeit des sich poetisch artikulierenden sozialkulturellen Bewusstseins und der zivilisatorischen Scheidewegsituation dieser Zeitspanne. [...] In der ersten Strophe gerinnt die Seeidylle zu einem Zustand der Bewegungslosigkeit, genauer: mitten in seinen Bewegungsabläufen erscheint das Leben erstarrt. Auf pittoreske Manier wird die Szenerie der profanen Wirklichkeit entfremdet, erotische Momente werden in halbsakraler Einkleidung neutralisiert, und die „holden Schwäne“, die „das Haupt ins heilig nüchterne Wasser“ tunken, werden, obwohl „trunken von Küssen“, zum Sinnbild erlesener zwar, aber leicht steriler Schönheit. Die Intensität realer Erfahrung hingegen verleiht der Metaphorik der zweiten Strophe – welche das Bewusstsein hoffnungsloser Existenz inmitten einer erstarrten Umwelt auszudrücken intendiert – die Betroffenheit auslösende, bis in die Vokalsequenz hinein wirksame Erschütterungskraft. [...] Er [der Dichter] konstatiert das Barbarentum, das ihn umgibt; indem sich seine Kritik jedoch auf kulturästhetische Begriffe zurückzieht, verinnerlicht er auch noch die Unfreiheit der politischen Verhältnisse und sanktioniert damit zugleich die zivilisatorische Perspektive, die sich in der äußeren, der herrschenden Realität materiell verwirklicht. Mit persönlichem Versagen hat das nichts zu tun; die Biografie dokumentiert vielmehr die Konstellation der Zeit.

Fritsch, Gerolf: Das deutsche Naturgedicht. Aus: ders.: Das deutsche Naturgedicht. Metzler, Stuttgart, 1978, Seite 82 ff.

Trainingsvorschlag

Formulieren Sie die Ausgangsthesen der beiden Textauszüge mit Ihren eigenen Worten. Versuchen Sie eine Beurteilung (mit Begründung!) hinsichtlich der Verständlichkeit und der Vermittlung wichtiger Informationen.

Zusatzinformationen zum besseren Verständnis der beiden Interpretationen

Hölderlin wurde 1770 geboren, er stammte aus einer Pfarrer- und Beamtenfamilie. 1793 nahm er eine Hauslehrerstelle in der Nähe von Jena an, wo er mit Schiller, Goethe und Herder zusammentraf. 1796 bekam er eine Stelle bei der Frankfurter Bankiersfamilie Gontard und verliebte sich in die Hausherrin Susette (in seinen Dichtungen als „Diotima" verewigt). 1797 wurde ihm gekündigt und jeglicher Kontakt zu Frau und Kindern untersagt. Der unglückliche Verlauf der Liebesbeziehung führte zu einer „tiefen Verstörung". Die Nachricht vom Tod Susettes 1802 erschütterte ihn so sehr, dass er sich in ärztliche Behandlung begeben musste. 1806 wurde er nach Tübingen in eine Klinik gebracht. Die Ärzte erklärten, Hölderlin sei unheilbar krank. Ein Schreiner war bereit, den Kranken aufzunehmen. Im Haus des Schreiners wohnte Hölderlin bis zu seinem Tod im Juni 1843.
Das prägende historische Ereignis war für Hölderlin, der damals in Tübingen studierte, die Französische Revolution. Zusammen mit seinen damaligen Freunden begrüßte er sie als „neue Schöpfungsstunde", als die „Morgenröte eines neuen Zeitalters" und distanzierte sich auch später nie von der Idee der gesellschaftlichen Umwälzung. Trotz der Einsicht, dass die ursprünglichen Ziele revidiert, zum Teil pervertiert wurden, hoffte er weiterhin, dass die Revolution bleibende soziale Veränderungen bringen würde, zumal er selbst in seiner gering geschätzten Stellung als Hauslehrer unter dem Hochmut und der Willkür seiner Arbeitgeber zu leiden hatte.

2.2 Die Wirklichkeit des Gedichts – Verarbeitung textexterner Informationen

M 1 Hilde Domin Abel steh auf (1970)

Abel steh auf
es muß neu gespielt werden
täglich muß es neu gespielt werden
täglich muß die Antwort noch vor uns sein
die Antwort muß ja sein können
wenn du nicht aufstehst Abel
wie soll die Antwort
diese einzig wichtige Antwort
sich je verändern
wir können alle Kirchen schließen
und alle Gesetzbücher abschaffen
in allen Sprachen der Erde
wenn du nur aufstehst
und es rückgängig machst
die erste falsche Antwort
auf die einzige Frage
auf die es ankommt
steh auf
damit Kain sagt
damit er sagen kann
Ich bin dein Hüter
Bruder
wie sollte ich nicht dein Hüter sein
Täglich steh auf
damit wir es vor uns haben
dies Ja ich bin hier
ich
dein Bruder
Damit die Kinder Abels
sich nicht mehr fürchten
weil Kain nicht Kain wird
Ich schreibe dies
ich ein Kind Abels
und fürchte mich täglich
vor der Antwort
die Luft in meiner Lunge wird weniger
wie ich auf die Antwort warte

Abel steh auf
damit es anders anfängt
zwischen uns allen

Die Feuer die brennen
das Feuer das brennt auf der Erde
soll das Feuer von Abel sein

Und am Schwanz der Raketen
sollen die Feuer von Abel sein

Aufgabe

Interpretieren Sie dieses Gedicht.

- *Beschreiben Sie die Besonderheiten der formalen Gestaltung und deren Funktion.*
- *Erläutern Sie die Überschrift.*
- *Stützen Sie Ihren Deutungsversuch auf die folgende Aussage von Hilde Domin: „Das A und O ist für mich der immer mögliche Neuanfang: die zweite Chance. Rückblickend erkenne ich, dass ‚Abel steh auf' auch die zweite Chance meinte, die ich meinen Landsleuten gab."*

Zusatzinformationen

Hilde Domin

Hilde Domin wurde am 27.07.1912 als Tochter eines jüdischen Rechtsanwalts in Köln geboren. Sie studierte in Heidelberg und Berlin zunächst Jura, später Nationalökonomie, Soziologie und Philosophie. 1932 ging sie nach Italien, von wo sie später nicht mehr nach Deutschland zurückkehren konnte – es wurde die erste Station ihres Exils. Nach ihrer Promotion musste sie auch Italien verlassen; ab 1939 arbeitete sie als Sprachlehrerin in England. 1940 zog sie nach Santo Domingo, dort arbeitete sie als Forschungsassistentin und Fotografin, ab 1947 als Lektorin für deutsche Schriften. 1951 (!)

erst begann sie zu schreiben (ihre ersten Gedichte wurden 1958 veröffentlicht). 1953 begab sie sich zu einem Studienaufenthalt in die USA, 1954 kehrte sie erstmals wieder, 1961 dann endgültig, nach Deutschland zurück. Sie starb am 22. 2. 2006 in Heidelberg.

Kain und Abel
Der Mensch aber wohnte seinem Weibe Eva bei, und sie ward schwanger und gebar den Kain. Da sprach sie: Ich habe einen Sohn bekommen mit des Herrn Hilfe. Und weiter gebar sie den Abel, seinen Bruder. Abel ward ein Schäfer, Kain aber ward ein Ackerbauer. Es begab sich aber nach geraumer Zeit, dass Kain von den Früchten des Ackers dem Herrn ein Opfer brachte. Und auch Abel brachte von den Erstlingen seiner Schafe dar und von ihrem Fette. Und der Herr sah wohlgefällig auf Abel und sein Opfer, auf Kain aber und sein Opfer sah er nicht. Da ergrimmte Kain gar sehr und blickte finster. Und der Herr sprach zu Kain: Warum ergrimmst du, und warum blickst du so finster? Ist's nicht also? Wenn du recht handelst, darfst du frei aufschauen; handelst du aber nicht recht, so lauert die Sünde vor der Tür, und nach dir steht ihre Begierde; du aber sollst Herr werden über sie! Darauf sprach Kain zu seinem Bruder Abel: Lass uns aufs Feld gehen! Und als sie auf dem Felde waren, erhob sich Kain wider seinen Bruder Abel und schlug ihn tot. Da sprach der Herr zu Kain: Wo ist dein Bruder Abel? Er sprach: Ich weiß nicht. Bin ich denn meines Bruders Hüter? Er aber sprach: Was hast du getan! Horch, das Blut deines Bruders schreit zu mir empor vom Ackerland. (1. Mose 4, 1–10)

Lösungsvorschlag

Gliederung

Das erste Hemmnis beim „Erlesen" des Gedichts ist das Fehlen von Satzzeichen. Der Leser muss innehalten und entscheiden, wo Sinneinheiten, wo Sätze enden und neue beginnen. Der Verzicht auf eine strophische Gliederung ist nicht ganz so konsequent: Die Großschreibung am Anfang der Zeilen 24, 29, 32, 41 und 44 sowie die Absätze zwischen den Versen 37/38, 40/41, 43/44 signalisieren Einschnitte (die Großschreibung von „Ich" in V. 21 ist damit zu erklären, dass hier eine wörtliche Rede beginnt).
Eine weitere Gliederungshilfe bietet die mehrmalige Wiederaufnahme des Imperativs „steh auf" mit nachfolgendem (kausalem oder finalem) Kommentar:

V. 1–5:	Aufforderung mit zwei Kausalsätzen (Konjunktion fehlt, logische Funktion ist aber evident)
V. 18–23:	Aufforderung mit zweifachem Finalsatz (damit ..., damit)
V. 24–28:	variierte Aufforderung (täglich) mit Finalsatz (damit)
V. 29–31:	Finalsatz (damit) und davon abhängiger Kausalsatz (weil), übergeordnete Aufforderung ist zu ergänzen
V. 39–40:	Aufforderung mit Finalsatz (damit), abgesetzt vom Vorangegangenen: Fazit, Zusammenfassung

Die übrigen Abschnitte können größtenteils den jeweils vorausgehenden zugeordnet werden:

V. 6–17:	Konsequenzen bei Nichtbefolgen (Konditionalsatz: „wenn du nicht ...", V. 6–9) bzw. Befolgen (Konditionalsatz „wenn du nur ...", V. 10–17) der in der 1. Zeile geäußerten Aufforderung
V. 32–38:	Erläuterungen zu der Bezeichnung „die Kinder Abels" in V. 29
V. 41–45:	unvermittelter Sprung zum Bild des Feuers, Beziehung zwischen dem aufgestandenen/auferstandenen (?) Abel und dem Raketenzeitalter

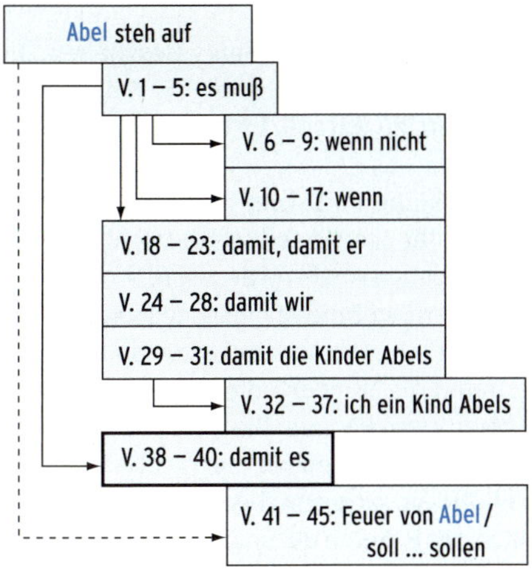

Zentrale Begriffe, Satzbau – Bezug zur Aussage

Vor den Schlussversen geht es in jedem Sinnabschnitt um eine „**Antwort**" (in V. 38–40 implizit). Die vorausgehende **Frage**, „die einzige Frage, auf die es ankommt", wird ein einziges Mal erwähnt (V. 16/17). Sie hat „die erste falsche Antwort" provoziert (V. 15), die „einzig wichtige Antwort", die sich verändern muss (V. 7–9), weil sie heute noch Furcht verursacht (V. 34–37). Die „richtige" Antwort liegt in der Zukunft (V. 4), sie lautet, an Abel gerichtet: „Ich bin dein Hüter, Bruder. Wie sollte ich nicht dein Hüter sein?". Sie sollte bekräftigt werden: „Ja, ich bin hier, ich, dein Bruder." Wiederholt – und damit besonders hervorgehoben – wird auch das Adverb „**täglich**" (V. 3, 4, 24, 34). Es ist gleichzusetzen mit „immer wieder", „sehr häufig", „regelmäßig" oder „ohne absehbares Ende". Einmal steht es in Verbindung mit dem Imperativ (V. 24), zweimal folgt ein „muß" (V. 3, 4), was einer Aufforderung gleichkommt, einmal veranschaulicht es die fortwährend bedrückende Situation (V. 34). In jedem Fall wird Dringlichkeit deutlich gemacht, wird der Appellcharakter des Textes unterstrichen. Gleiches gilt für die viermalige Verwendung des Modalverbs „**muß**" in vier aufeinanderfolgenden Versen (V. 2–5), für die zweimal parallel gesetzte Konjunktion „**wenn**" (V. 6, 13) und den häufigen Satzbeginn mit „**damit**" (V. 19, 20, 25, 29, 39), der die Notwendigkeit des geforderten Handelns unterstreicht. Der Eindruck der Dringlichkeit, der Unbedingtheit der Forderung, entsteht aber auch durch den Bau der Sätze bzw. die Anordnung der Satzteile. Trotz der häufigen Nebensatzkonjunktionen wirkt der gesamte Text wie in (parataktische) Einzelteile zerstückelt, die zum Teil überhastet formuliert erscheinen, sodass „nachgebessert", eine genauere Version nachgeschoben werden muss (z. B. V. 3/4, 19/20, 41/42). Die unterschiedlich langen Zeilen treffen den Leser wie unregelmäßige Hammerschläge. Die Pausen dazwischen sind keine Ruhepausen, sondern erhöhen die Gespanntheit, verstärken noch die Unruhe. Ein Nachlassen der Aufgeregtheit ist nur in den für sich stehenden Versen 38–40 zu spüren. Die letztmals geäußerte Aufforderung an Abel liest sich hier wie eine nachdrückliche, aber sanfte Bitte.

Zusammenfassung des Inhalts

Das lyrische Ich, ein „Kind", also ein Nachkomme Abels, fordert diesen mehrmals auf, er solle, er müsse aufstehen, um es Kain zu ermöglichen, seine falsche Antwort zu revidieren und die richtige zu geben: Dass er der Hüter seines Bruders sei, dass er (für ihn) da sei. Abels Aufstehen sei notwendig nicht nur für Kain, sondern auch für Abels Nachkommen, für das lyrische Ich, für „uns alle". Wenn er es tue, würden auf der ganzen Welt kirchliche und staatliche Gesetze bzw. Sanktionen überflüssig; seine „Feuer" sollten Antriebskräfte für das neue Zeitalter sein.

Deutung (Warum wurde der Text so geschrieben?)

Die Aussage des Gedichts bleibt ein Denkspiel, das ein in der Bibel verzeichnetes Geschehen zurücknimmt, nämlich die Ermordung Abels durch seinen Bruder Kain. Kain sollte die Möglichkeit bekommen, nicht der Mörder, sondern der Hüter seines Bruders zu werden. Es wäre seine „zweite Chance", die er von Abel, dem Opfer, selbst bekommen müsste.
Wenn für Hilde Domin, ein Opfer der Verfolgung und Vertreibung im Dritten Reich, „der immer mögliche Neuanfang, die zweite Chance" das „A und O" bedeutet und sie selbst das Motiv in ihrem Gedicht wiedererkennt, darf man wohl eine Parallele sehen zwischen Abel und den Opfern des Holocausts einerseits und zwischen Kain und den „Landsleuten" der Dichterin andererseits, die für den Holocaust (mit-)verantwortlich waren. Sie sollen nicht pauschal verdammt werden, sondern ihre zweite Chance bekommen, neu anfangen als Geläuterte, damit die „Kinder", die Nachkommen der Opfer ohne Furcht vor einer Wiederholung des Schrecklichen leben können. Die ins Exil getriebene Jüdin hofft auf Aussöhnung. Sie hofft, dass die unmenschlichen Verbrechen, die nicht ungeschehen gemacht werden können, nie wieder geschehen. Sie hofft auf eine gesicherte Zukunft für alle „auf der Erde": Die industrialisierte und technisierte Welt, in der Raketen gezündet werden, braucht eine Leitfigur wie Abel, dessen „Feuer" nur dazu diente, dem Herrn ein ihm wohlgefälliges Opfer zu bringen.

Hinweis

Form und Inhalt können textimmanent aufeinander bezogen werden, sodass sich eine schlüssige Analyse ergibt.
Eine überzeugende Interpretation, das heißt Deutung der Aussageabsicht, ist nur mit Kenntnis der Bibelgeschichte und der Biografie der Autorin möglich.

2.3 Wahrnehmung und Gestaltung – Gedichtvergleich

M1 Andreas Gryphius Abend (1650)

Der schnelle Tag ist hin; die Nacht schwingt ihre Fahn
Und führt die Sternen auf. Der Menschen müde Scharen
Verlassen Feld und Werk; wo Tier und Vögel waren,
Traurt itzt die Einsamkeit. Wie ist die Zeit vertan!

Der Port naht mehr und mehr sich zu der Glieder Kahn.
Gleich wie dies Licht verfiel, so wird in wenig Jahren
Ich, du, und was man hat, und was man sieht, hinfahren.
Dies Leben kömmt mir vor als eine Rennebahn.

Lass, höchster Gott! mich doch nicht auf dem Laufplatz gleiten!
Lass mich nicht Ach, nicht Pracht, nicht Lust, nicht Angst verleiten!
Dein ewig heller Glanz sei vor und neben mir!

Lass, wenn der müde Leib entschläft, die Seele wachen,
Und wenn der letzte Tag wird mit mir Abend machen,
So reiß mich aus dem Tal der Finsternis zu dir!

Gryphius, Andreas: Abend. Aus: Das deutsche Gedicht vom Mittelalter bis zum 20. Jahrhundert.
Hrsg. von Edgar Hederer. Fischer Verlag, Frankfurt am Main, 1957, Seite 51 f.

M2 Georg Trakl Verfall (1909)

Am Abend, wenn die Glocken Frieden läuten,
Folg ich der Vögel wundervollen Flügen,
Die lang geschart, gleich frommen Pilgerzügen,
Entschwinden in die herbstlich klaren Weiten.

Hinwandelnd durch den dämmervollen Garten
Träum ich nach ihren helleren Geschicken
Und fühl der Stunden Weiser kaum mehr rücken.
So folg ich über Wolken ihren Fahrten.

Da macht ein Hauch mich von Verfall erzittern.
Die Amsel klagt in den entlaubten Zweigen.
Es schwankt der rote Wein an rostigen Gittern,

Indes wie blasser Kinder Todesreigen
Um dunkle Brunnenränder, die verwittern,
Im Wind sich fröstelnd blaue Astern neigen.

Trakl, Georg: Verfall. Aus: ders.: Werke, Entwürfe, Briefe.
Hrsg. von Georg-Hans Kemper und Frank R. Max. Reclam, Stuttgart, 1984, Seite 122.

Aufgabe

Interpretieren und vergleichen Sie die beiden Gedichte.

Hinweis zur Aufgabenstellung

Anforderung

Die Aufgabenstellung verlangt (mindestens!) drei Arbeitsgänge: die Interpretation des ersten Gedichts, die Interpretation des zweiten Gedichts und eine Gegenüberstellung der beiden Gedichte. Damit für den eigentlichen Gedichtvergleich genügend Zeit bleibt, müssen sich die Einzelinterpretationen auf das Wesentliche beschränken. Sie sollen aber nicht ohne Verbindung zum Ganzen hintereinander abgehandelt werden, sondern sie brauchen einen Bezugsrahmen, der sie untereinander und mit der Zielsetzung der Gesamtaufgabe verbindet. Ein Vergleich hat ja nur dann einen Sinn, wenn es tatsächlich in beiden Texten Vergleichbares gibt, das heißt, wenn von einem gemeinsamen Punkt aus andere, unterschiedliche Punkte betrachtet und erklärt werden können. Die gemeinsamen Punkte gilt es vorab zu entdecken, um bei der Einzelanalyse herausfinden zu können, wie unterschiedlich die beiden Dichter damit umgegangen sind.

Lösungsansatz

Erster Schritt

Einen Ausgangspunkt für den Vergleich suchen und eine Hypothese zur jeweiligen Aussageabsicht notieren: Was ist in beiden Texten gleich? (Thema, Motive, Form, Entstehungszeit ...) Was wollen sie vermitteln?

Zweiter Schritt

Jedes Gedicht für sich analysieren und deuten: Was ist das Besondere? Welche Bedeutung haben die Besonderheiten für die Wirkung des Gedichts?

Dritter Schritt

Die beiden Gedichte vergleichen: Welche Aspekte eignen sich für einen Vergleich? Worin bestehen die Unterschiede? Wie sind diese zu erklären?

Vierter Schritt

Eine Stellungnahme/Wertung abgeben: Worauf kommt es den beiden Dichtern an? Wie vermitteln sie ihre „Botschaft"? Wie kann der heutige Leser damit umgehen?

Lösungsvorschlag

Erster Schritt: Vergleichspunkt(e) und Hypothesen

Beim ersten Betrachten fällt auf, dass beide Dichter die Sonettform gewählt haben. Das erscheint verwunderlich angesichts des großen zeitlichen Abstandes: Was im 17. Jahrhundert durchaus üblich, dem Lesepublikum also vertraut war, wirkt im 20. Jahrhundert wie ein bewusster Rückgriff auf eine unzeitgemäße, strenge Form, die in gewisser Weise einen Halt gibt, die Gedanken in eine feste Ordnung zwingt.
Beide Gedichte haben den Abend zum Thema. Das lyrische Ich schildert jeweils die objektiv wahrnehmbaren Erscheinungen und seine eigenen Gedanken und Empfindungen. Gemeinsame Motive sind die anbrechende Dämmerung, Vögel, die aus dem Blickfeld des Betrachters entschwinden, Vergänglichkeit und Tod. Mit den Bildern, Vergleichen und Metaphern von Leben und Tod können beide Dichter ihre Einsichten und Ängste zum Ausdruck bringen wollen (expressive Funktion) und/oder ihre Leser zum Innehalten und Nachdenken anhalten (appellative Funktion).

Zweiter Schritt: Einzelanalysen

Andreas Gryphius Abend

30-jähriger Krieg, Barock
= Sonett

6-hebiger Jambus, Zäsur = Alexandriner

Der schnelle Tag ist hin; || die Nacht schwingt ihre Fahn — a
(Personifikation)
Und führt die Sternen auf. || Der Menschen müde Scharen — b
Verlassen Feld und Werk; || wo Tier und Vögel waren, — b
Traurt itzt die Einsamkeit. || Wie ist die Zeit vertan! — a
(Ausruf)

Enjambement
Alliteration

Abend im Wortsinn

Vergänglichkeit, Schnelllebigkeit

Schlaf, Tod? — Körper

Metapher (Schifffahrt) →
Vergleich

Der Port naht mehr und mehr || sich zu der Glieder Kahn. — a
(Abend = bedrohlich; Tod)
Gleich wie dies Licht verfiel, || so wird in wenig Jahren — b
Ich, du, und was man hat, || und was man sieht, hinfahren. — b
(Akkumulation)
Dies Leben kömmt mir vor || als eine Rennebahn. — a

Enjambement
Verallgemeinerung

Übertragung: Lebensabend

Zweiteilung

Imperative

•Lass, höchster Gott! mich doch nicht auf dem Laufplatz gleiten! — c
(Nachdruck)
•Lass mich nicht Ach, nicht Pracht, nicht Lust, nicht Angst verleiten! — c
(Chiasmus)
Dein ewig heller Glanz sei vor und neben mir! — d

rhythmische Betonung

Antithesen!

Diesseits, Jenseits

• Anapher

•Lass, wenn der müde Leib entschläft, die Seele wachen, — e
Und wenn der letzte Tag wird mit mir Abend machen, — e
So reiß mich aus dem Tal der Finsternis zu dir! — d

Anrufung Gottes Gebet

Kadenzen: abwechselnd männlich/weiblich

Bibelbezug — Gegensatz — Gottvertrauen, Glaube → Trost

gemeinsame Bilder, Motive

Georg Trakl **Verfall**

Jahrhundertwende, Umbruch, Expressionismus
= Sonett

Lyr. Ich sieht, hört Schönes (Idylle) Jahreszeit: Herbst	Am Abend, wenn die Glocken Frieden läuten,	a	fünfhebiger Jambus Alliteration
	Folg ich der Vögel wundervollen Flügen,	b	schöner Klang, ruhiger Rhythmus
	Die lang geschart, gleich frommen Pilgerzügen,	b	Vergleich (Farbe, „Zug“)
	Entschwinden in die herbstlich klaren Weiten. Verlust, aber keine Trauer Beschaulichkeit	a	unreiner Reim Gegensatz (Weiten – Garten)
(Wunsch-) Traum des lyr. Ich	Hinwandelnd durch den dämmervollen Garten	c	Alliteration
	Träum ich nach ihren helleren Geschicken	d	hell → Region Geschick → Schicksal
	Und fühl der Stunden Weiser kaum mehr rücken. = Zeiger der Uhr Inversion	d	bildlich gesprochen (vor allem: klar!)
	So folg ich über Wolken ihren Fahrten.	c	? Vögel → Fahrten (Flüge) Pilger?

Zweiteilung

Wechsel der Wahrnehmung (Bruch)

„Boten“ des Jahresendes	Da macht ein Hauch mich von Verfall erzittern.	e	
	Die Amsel klagt in den entlaubten Zweigen.	f	= schwarzer Vogel
	Es schwankt der rote Wein an rostigen Gittern, Gleichzeitigkeit + → Satz geht weiter!	e	„rostrot“ Rost, Schwanken: hält nicht mehr lange
„Boten“ des Lebensendes	Indes wie blasser Kinder Todesreigen	f	eigenartiger Satzbau
	Um dunkle Brunnenränder, die verwittern,	e	Lautmalerei
	Im Wind sich fröstelnd blaue Astern neigen. Trauer, Todesahnung, Todesgewissheit Herbstblumen Inversion (Betonung Wind – neigen)	f	Metonymie?

nur weibliche Kadenzen

2

a) Andreas Gryphius: Abend

Inhalt (Was steht in dem Text?)

1. Quartett: Wahrnehmungen, Impressionen beim Wechsel vom Tag zur Nacht: Menschen und Tiere begeben sich zur Ruhe. Die Stille ruft das Gefühl von Einsamkeit hervor und Trauer über den Verlust der Zeit.

2. Quartett: Assoziationen und Vergleiche: Wie sich der Tag zum Ende neigt, wird sich bald das Leben zum Ende neigen; wie das Licht verlöscht, werden Existenzen, Besitztümer und die dingliche Welt vergehen.

1. Terzett: Eindringliche Bitte an Gott um Hilfe vor den Gefahren im irdischen Leben: Bei Gott ist Führung, auf der Welt Verführung.

2. Terzett: Nochmalige Anrufung Gottes, Bitte um Erlösung der Seele: Glaube an ein Leben nach dem Tod.

Zusammenfassung: Das lyrische Ich vergleicht den raschen Ablauf des Tages mit dem raschen Ablauf des Lebens und hofft mit Gottes Hilfe auf ein besseres Leben im Jenseits.

Form und deren Funktion (Wie ist der Text geschrieben?)

(stichwortartige Auflistung, die für die Ausarbeitung geordnet und eventuell gekürzt werden muss)

Form – Reimschema: a b b a / a b b a / c c d / e e d/ (Sonett) – ausschließlich reine Reime – Wechsel von stumpfen und klingenden Kadenzen – regelmäßiges Versmaß: 6-hebiger Jambus – Zäsur nach der 3. Hebung, besonders deutlich in der ersten Strophe (Alexandriner) – in V. 10 wird die Antithese durch einen Chiasmus unterstrichen	→ perfekte Handhabung der formalen Mittel Äußerer Eindruck von Vollendung und Harmonie steht im Gegensatz zur inneren Befindlichkeit des lyrischen Ich. → Betonung der Gegensätze, z. B. Tag/Nacht und der Unrast z. B. V. 4, 8
Bilder: V. 1: die Nacht schwingt ..., führt ... V. 5: Port (Hafen) V. 5: der Glieder Kahn V. 8/9: Rennebahn, Laufplatz V. 13: der letzte Tag macht Abend V. 14: Tal der Finsternis	→ Personifikation → Schlaf, Tod → Körper (auffällig: nicht der Körper nähert sich dem Schlaf oder Tod, sondern der Schlaf/Tod kommt auf ihn zu); der Mensch kann nicht steuern, anhalten nützt nichts → menschliches Leben als Wettlauf im Kreis (Bild auch in der Bibel!), vergleiche 1. Quartett: der schnelle Tag, die Zeit vertan → das Leben geht zu Ende → irdisches Leben → Bilder, Vergleiche und Metaphern sind im Barock Stilprinzip (emblematisches Zeitalter). Anspielungen auf und Übernahmen aus der Bibel zeugen von der Gläubigkeit des Dichters und setzen die Bibelkenntnis der Leser voraus.
Modus – Wechsel der Aussageformen: – Indikativ, das heißt Aussagesätze in den Quartetten – Imperativ, das heißt Aufforderungssätze in den Terzetten	→ Entsprechung zur inhaltlichen Zweiteilung: Betrachtung, Wahrnehmung, Feststellung; Anruf Gottes, Bitte, Gebet

Deutung (Warum wurde der Text so geschrieben?)

Trotz der Naturbilder am Anfang handelt es sich nicht um ein Naturgedicht, sondern um ein religiöses Gedicht, also um Gedankenlyrik. Es geht nicht wesentlich um die Dämmerung, die Landschaft

oder die belebte Natur – sie sind nur Sinnbilder für ein tieferes Verständnis. Der Dichter führt von der sichtbaren Welt in eine geistige, entsprechend der die religiöse Dichtung des Mittelalters bestimmenden Analogie des „mundus visibilis" zum „mundus spiritualis". Die Antithese erweist sich als Form- und Aussageprinzip des Gedichts: Tag und Nacht, Licht und Finsternis, Leben und Tod, irdische Existenz und Transzendenz.
Der gläubige Mensch kann die Beschwerden und Gefahren des Diesseits bestehen, weil er auf die Verheißung des ewigen Lebens vertraut. Das Bewusstsein von der Vergänglichkeit und Unbeständigkeit des irdischen Lebens wurde durch die Erfahrungen im Dreißigjährigen Krieg vertieft. Insofern ist in dem Gedicht „Abend" auch Zeitgeschichte mitkodiert.

b) Georg Trakl: Verfall

Inhalt (Was steht in dem Text?)

1. Quartett: Wahrnehmungen und Beobachtungen des lyrischen Ich an einem Abend im Herbst: Glocken läuten, Vogelschwärme ziehen fort.
2. Quartett: Gedanken und Empfindungen: Das lyrische Ich vergisst träumend die Zeit, folgt in Gedanken dem Vogelzug.
– Einschnitt –
1. Terzett: Wechsel des Blickfelds: Das lyrische Ich nimmt im herbstlichen Garten Zeichen des nahenden Winters wahr; es erschrickt darüber.
2. Terzett: Verstärkung des Eindrucks: Kälte und Tod kündigen sich sichtbar und spürbar an.

Zusammenfassung: Das lyrische Ich träumt sich aus einer Herbstidylle in weite Fernen. Vorboten des Winters, gedeutet als Vorboten des Todes, reißen es aus diesen Träumen.

Form und deren Funktion (Wie ist der Text geschrieben?)
(stichwortartige Auflistung, die für die Ausarbeitung geordnet und eventuell gekürzt werden muss)

Form – alternierendes Versmaß: fünfhebiger Jambus (Ausnahme: V. 11: ı x x́ ı x x́ ı x x́ ı x x́ ı x x x́ ı x) – metrische und „natürliche" Betonung decken sich nicht immer, z. B. V. 5/6: ı x̀ x́ ı x x̌ ı x x̌ ı x x́ ı x x̌ ı x ı x̀ x́ ı x̀ x́ ı x x̌ ı x x́ ı x x̌ ı x – ausnahmslos klingende Kadenzen, daher elf Silben in jeder Zeile – Reimanordnung: a b b a / c d d c / e f e / f e f; leicht variiertes Schema des „klassischen" Sonetts	→ vermittelt den Eindruck eines weitgehend regelmäßigen, sich wiederholenden Ablaufs → Eintönigkeit wird verhindert – bewegter, lockerer Rhythmus → Vermeidung von harten Schnitten, harmonisches Klangbild → Übernahme eines traditionellen Motivs und einer traditionellen Form Der „moderne" Dichter benutzt beides individuell und innovativ.
Wortwahl V. 1–8: wundervoll, fromm, klar, dämmervoll, hell läuten, folgen, wandeln, träumen, fühlen V. 9–14: entlaubt, rot, rostig, blass, dunkel, fröstelnd, blau erzittern, klagen, schwanken, verwittern, sich neigen	→ zeigt den Kontrast zwischen der wunderbaren, friedlichen Traumwelt und der trostlosen, morbiden irdischen Realität

Satzbau		
V. 1–4:	klar gegliedertes, übersichtliches Satzgefüge	→ ruhige Schilderung von gleichzeitigen visuellen und akustischen Eindrücken
V. 5–8:	zwei unterschiedlich lange Hauptsätze	→ ausführliche Schilderung und Zusammenfassung
V. 9/10:	zwei scheinbar unverbundene Aussagesätze (Zeilenstil), Inversion in V. 9	→ deutlicher Kontrast zu den Quartetten; plötzliche Erschütterung wird nachgezeichnet
V. 11–14:	kompliziertes Satzgefüge über Strophen- und Zeilenende hinweg	→ verdeutlicht die unüberschaubare Reihe von Todesboten
Bilder und Vergleiche		
V. 3/6:	gleich frommen Pilgerzügen, hellere Geschicke (Zugvögel in großen, dunklen Scharen, die nach Süden ziehen, erinnern an Pilgerscharen in dunklen Kutten, die zu einem Wallfahrtsort oder ins heilige Land ziehen.)	→ Dort erwartet sie entweder eine hellere, also sonnige Gegend, oder ein glücklicheres Geschick. (vergleiche V. 13: dunkle Brunnenränder)
V. 7:	der Stunden Weiser/Uhrzeiger (Vergehen der Zeit)	→ Poetisierung, passend zur geschilderten
V. 9:	ein Hauch von Verfall (eine unbedeutende Bewegung, die im lyrischen Ich eine Veränderung der Stimmung hervorruft)	→ Verdeutlichung der subjektiven Wahrnehmung
V. 11:	der rote Wein schwankt (rotes Laub oder Laub von Trauben, aus denen roter Wein gemacht wird, bewegt sich im Wind)	→ durch Verbindung mit „rostig" keine Vorstellung von einem schönen Rot, keine Assoziation zu Weinseligkeit
V. 12/14:	wie blasser Kinder Todesreigen, fröstelnd blaue Astern (Kinder, die noch Reigen tanzen, sind schon dem Tod nahe, vielleicht ist der Brunnen eine Todesfalle; „fröstelnd" gehört als menschliche Eigenschaft eigentlich eher zu den Kindern, mit denen die Astern verglichen werden; sie wären dann auch „blau" vor Kälte)	→ Gleichnisse und Symbole für den sicheren Tod

Deutung (Warum wurde der Text so geschrieben?)

Wie der Titel schon sagt, ist Georg Trakls Gedicht alles andere als ein beschaulich-heiteres Stimmungsgedicht. Es beginnt zwar mit der Schilderung des Abendläutens, einer friedlichen Idylle, in der sich das lyrische Ich – offensichtlich allein – aufhält, seinen Gedanken und Träumen nachhängend. Es wird aber unvermittelt aus seinen Träumen gerissen durch die sinnliche Wahrnehmung der Todesnähe. Im Traum ist das lyrische Ich den Vögeln auf ihren „Fahrten" (!) gefolgt „über Wolken". Ziel der Vögel – oder auch der Pilger, mit denen sie verglichen werden – sind „hellere Geschicke". „Über Wolken" erwartet die Frommen die „ewige Heimat", das ewige Leben im Himmel.

Der Sprecher im Gedicht gehört wohl nicht zu den Frommen; sein Wunsch nach Licht und Weite, nach Aufhebung von Zeit und Raum kann nur im Traum erfüllt werden. Der Tagtraum wird jäh zerstört durch den „Hauch" des Todes, durch das Bewusstwerden der irdischen, also mühevollen und vergänglichen Existenz.

Das Ende des Gedichtes wirkt wehmütig mit der resignativen Einsicht, dass Natur und Mensch dem irdischen Schicksal „verfallen" sind.

Dritter und vierter Schritt: Gedichtvergleich und Stellungnahme

Auszug aus einem Schüleraufsatz

A Bermerkung unnötig
A, R A | Feststellung ohne Bezug zur Aussage, ist wertlos
A
R
Z
Z A R
A A/I: gemeint sind Reimfolgen
Z/Sb
A A I (Flüchtigkeitsfehler)
Z A
I (wo sonst? = kein Indiz für Sommer)
I (Autor ≠ lyr. Ich)?
I Erläuterung fehlt
A
A Z * s.o. (Autor/lyr. Ich)
I nicht Freude, sondern Trost
R
* s.o.
A
A, A/I | umgekehrt!
R Z | guter gedanklicher Ansatz, aber zu pauschal, zu wenig ausgeführt
Z

Eingangs habe ich schon auf einige gleiche oder ähnliche Dinge hingewiesen, bei denen einem aber gleich schon die Gegensätze in's Auge springen. So haben zum Beispiel beide Dichter äußerlich die Sonettform gewählt. Bei näherem hinsehen stellt man aber fest, dass Gryphius in jeder Zeile 6 Jamben verwendet, wobei Trakl's Gedicht nur 5 Hebungen in jeder Zeile aufweist. Desweiteren sind die Reime verschieden. Während in „Abend" ein für ein Sonett vorschriftsmäßiges Schema vorliegt. Ist es in „Verfall" quasi verfallen, es heißt nämlich a b b a, c d d c, e f e, f e e. Auch inhaltlich lassen sich große Unterschiede feststellen. Gryphius beschreibt einen Abend im Sommer, wo die Menschen auf den Feldern gearbeitet haben und sich Tiere und Vögel draußen aufgehalten haben. Trakl dagegen sieht entlaubte Zweige, roten Wein und Astern, die erst im Herbst zu sehen sind. Das Gedicht „Verfall" hat in den ersten beiden Strophen (Quartette) eine ganz andere Stimmung als in den Strophen 3 und 4 (Terzette). In dem Gedicht „Abend" ist die Stimmung am Ende der 1. Strophe schon nicht mehr so gut. In der 3. und 4. Strophe wird gar keine Stimmung mehr beschrieben, sondern ein Gebet zu Gott. Beide Dichter* denken am Ende eines Tages auch an das Ende ihres Lebens, aber auch da gibt es Unterschiede . Im 17. Jahrhundert scheint sich der Dichter auf den Tod zu freuen, weil er dann „aus dem Tal der Finsternis" in den Himmel kommt. Im 20. Jahrhundert hat der Dichter Angst vor'm Tod, das sieht man daran, dass er* „erzittert" und sich Kinder vorstellt, die schon totenblass sind und bald sterben.

Alles in allem kann man sagen, dass Andreas Gryphius und Georg Trakl zu ähnlichen Beobachtungen sehr verschiedene Einfälle hatten und dass sie die scheinbar gleiche Form der Gedichte mit ganz anderen Aussagen gefüllt haben. Dass liegt daran, dass beide „Kinder ihrer Zeit" waren. Im 17. Jahrhundert waren die Menschen fromm und glaubten an ein ewiges Leben. Im 20. Jahrhundert träumen sie zwar manchmal vom Himmel, aber sie glauben nicht mehr, dass es einen gibt.

Trainingsvorschlag

Prüfen Sie die Fehlerzeichen und Kommentare am Rand.
Kommen Sie zu einem ähnlichen Ergebnis?
Versuchen Sie selbst, die inhaltliche und sprachliche Qualität zu bewerten. (Kriterien zur Bewertung eines Interpretationsaufsatzes → Seite 14)

3_Interpretation von Dramenszenen

WISSEN

Bei der Interpretation einer Dramenszene ist immer zu berücksichtigen, dass sie kein für sich stehender Text ist, sondern Teil eines Bühnenwerkes, in dem sie eine bestimmte Funktion hat. Fragen und Aufgaben beziehen sich deshalb in der Regel auch auf die Stellung der Szene innerhalb des Dramas und ihren Einfluss auf die Entwicklung bzw. Lösung des Konflikts. Zudem fehlen bei der Analyse des Textes konkrete Vorstellungen von dessen Umsetzung auf der Bühne, um die dramatische Wirkung der Szene zu erfassen.

Die folgenden Textbeispiele sind daher so gewählt, dass sie eine in sich abgeschlossene Auseinandersetzung enthalten und dass das Hauptaugenmerk auf der Dialogführung liegt. Beide Szenen enthalten ein Gespräch zwischen einem älteren und einem jungen Mann, eine Begegnung von zwei Weltanschauungen.

3.1 Strategie des Beharrlichen

M1 **Gotthold Ephraim Lessing** Nathan der Weise
Ein dramatisches Gedicht in fünf Aufzügen

Das Drama spielt zur Zeit des dritten Kreuzzugs, also Ende des 12. Jahrhunderts, in Jerusalem. Nach der Rückkehr von einer längeren Reise erfährt der jüdische Geschäftsmann Nathan, dass sein Haus gebrannt hat und seine Tochter von einem Ritter des christlichen Templerordens aus den Flammen gerettet wurde. Daja, Rechas „Gesellschafterin“, hat vergeblich versucht sich dem Tempelherrn erkenntlich zu zeigen. Deshalb beschließt Nathan, ihm persönlich zu danken.

2. Aufzug, 5. Auftritt

Nathan Fast scheu ich mich des Sonderlings. Fast macht
Mich seine raue Tugend stutzen. Dass
Ein Mensch doch einen Menschen so verlegen
Soll machen können! – Ha! er kömmt. – Bei Gott!
Ein Jüngling wie ein Mann. Ich mag ihn wohl
Den guten, trotz'gen Blick! den prallen Gang!
Die Schale kann nur bitter sein: der Kern
Ist's sicher nicht. – Wo sah ich doch dergleichen? –
Verzeihet, edler Franke ...
Tempelherr Was?
Nathan Erlaubt ...
Tempelherr Was, Jude? was?
Nathan Dass ich mich untersteh,
Euch anzureden.
Tempelherr Kann ich's wehren? Doch
Nur kurz.
Nathan Verzieht, und eilet nicht so stolz,
Nicht so verächtlich einem Mann vorüber,
Den Ihr auf ewig Euch verbunden habt.
Tempelherr Wie das? – Ah, fast errat ich's. Nicht? Ihr seid ...

Nathan Ich heiße Nathan; bin des Mädchens Vater,
Das Eure Großmut aus dem Feu'r gerettet;
Und komme ...
Tempelherr Wenn zu danken: – spart's! Ich hab
Um diese Kleinigkeit des Dankes schon
Zu viel erdulden müssen. – Vollends Ihr,
Ihr seid mir gar nichts schuldig. Wusst' ich denn,
Dass dieses Mädchen Eure Tochter war?
Es ist der Tempelherren Pflicht, dem ersten
Dem besten beizuspringen, dessen Not
Sie sehn. Mein Leben war mir ohnedem
In diesem Augenblicke lästig. Gern,
Sehr gern ergriff ich die Gelegenheit,
Es für ein andres Leben in die Schanze
Zu schlagen: für ein andres – wenn's auch nur
Das Leben einer Jüdin wäre.
Nathan Groß
Groß und abscheulich! – Doch die Wendung lässt
Sich denken. Die bescheidne Größe flüchtet
Sich hinter das Abscheuliche, um der
Bewunderung auszuweichen. – Aber wenn
Sie so das Opfer der Bewunderung
Verschmäht: was für ein Opfer denn verschmäht
Sie minder? – Ritter, wenn Ihr hier nicht fremd
Und nicht gefangen wäret, würd' ich Euch
So dreist nicht fragen. Sagt, befehlt: womit
Kann man Euch dienen?
Tempelherr Ihr? Mit nichts.
Nathan Ich bin
Ein reicher Mann.
Tempelherr Der reichre Jude war
Mir nie der bessre Jude.
Nathan Dürft Ihr denn
Darum nicht nützen, was demungeachtet
Er Bessres hat? nicht seinen Reichtum nützen?
Tempelherr Nun gut, das will ich auch nicht ganz verreden;
Um meines Mantels willen nicht. Sobald
Der ganz und gar verschlissen; weder Stich
Noch Fetze länger halten will: komm ich
Und borge mir bei Euch zu einem neuen,
Tuch oder Geld. – Seht nicht mit eins so finster!
Noch seid Ihr sicher; noch ist's nicht so weit
Mit ihm. Ihr seht; er ist so ziemlich noch
Im Stande. Nur der eine Zipfel da
Hat einen garst'gen Fleck; er ist versengt.
Und das bekam er, als ich Eure Tochter
Durchs Feuer trug.
Nathan *(der nach dem Zipfel greift und ihn betrachtet)*
Es ist doch sonderbar,
Dass so ein böser Fleck, dass so ein Brandmal

Dem Mann ein bessres Zeugnis redet, als
Sein eigner Mund. Ich möchte' ihn küssen gleich –
Den Flecken! – Ah, verzeiht! – Ich tat es ungern.

Tempelherr Was?

Nathan Eine Träne fiel darauf.

Tempelherr Tut nichts!
Er hat der Tropfen mehr. – (Bald aber fängt
Mich dieser Jud' an zu verwirren.)

Nathan Wärt
Ihr wohl so gut, und schicktet Euern Mantel
Auch einmal meinem Mädchen?

Tempelherr Was damit?

Nathan
Auch ihren Mund an diesen Fleck zu drücken.
Denn Eure Kniee selber zu umfassen,
wünscht sie nun wohl vergebens.

Tempelherr Aber, Jude –
Ihr heißet Nathan? – Aber, Nathan – Ihr
Setzt Eure Worte sehr – sehr gut – sehr spitz –
Ich bin betreten – Allerdings – ich hätte ...

Nathan Stellt und verstellt Euch, wie Ihr wollt. Ich find
Auch hier Euch aus. Ihr wart zu gut, zu bieder,
Um höflicher zu sein. – Das Mädchen, ganz
Gefühl; der weibliche Gesandte, ganz
Dienstfertigkeit, der Vater weit entfernt –
Ihr trugt für ihren guten Namen Sorge;
Floht ihre Prüfung; floht, um nicht zu siegen.
Auch dafür dank ich Euch –

Tempelherr Ich muss gestehn,
Ihr wisst, wie Tempelherren denken sollten.

Nathan Nur Tempelherren? sollten bloß? und bloß
Weil es die Ordensregeln so gebieten?
Ich weiß, wie gute Menschen denken; weiß,
Dass alle Länder gute Menschen tragen.

Tempelherr Mit Unterschied, doch hoffentlich?

Nathan Jawohl;
An Farb', an Kleidung, an Gestalt verschieden.

Tempelherr Auch hier bald mehr, bald weniger, als dort.

Nathan Mit diesem Unterschied ist's nicht weit her.
Der große Mann braucht überall viel Boden;
Und mehrere, zu nah gepflanzt, zerschlagen
Sich nur die Äste. Mittelgut, wie wir,
Find't sich hingegen überall in Menge.
Nur muss der eine nicht den andern mäkeln.
Nur muss der Knorr den Knuppen hübsch vertragen.
Nur muss ein Gipfelchen sich nicht vermessen,
Dass es allein der Erde nicht entschossen.

Tempelherr Sehr wohl gesagt! – Doch kennt Ihr auch das Volk,
Das diese Menschenmäkelei zuerst

Getrieben? Wisst Ihr, Nathan, welches Volk
Zuerst das auserwählte Volk sich nannte?
Wie? wenn ich dieses Volk nun, zwar nicht hasste,
Doch wegen seines Stolzes zu verachten,
Mich nicht entbrechen könnte? Seines Stolzes;
Den es auf Christ und Muselmann vererbte,
Nur sein Gott sei der rechte Gott! – Ihr stutzt,
Dass ich, ein Christ, ein Tempelherr, so rede?
Wenn hat, und wo die fromme Raserei,
Den bessern Gott zu haben, diesen bessern
Der ganzen Welt als besten aufzudringen,
In ihrer schwärzesten Gestalt sich mehr
Gezeigt, als hier, als itzt? Wem hier, wem itzt
Die Schuppen nicht vom Auge fallen ... Doch
Sei blind, wer will! – Vergesst, was ich gesagt;
Und lasst mich! (Will gehen.)

Nathan Ha! Ihr wisst nicht, wie viel fester
Ich nun mich an Euch drängen werde. – Kommt,
Wir müssen, müssen Freunde sein! – Verachtet
Mein Volk so sehr Ihr wollt. Wir haben beide
Uns unser Volk nicht auserlesen. Sind
Wir unser Volk? Was heißt denn Volk?
Sind Christ und Jude eher Christ und Jude,
Als Mensch? Ah! wenn ich einen mehr in Euch
Gefunden hätte, dem es gnügt, ein Mensch
zu heißen!

Tempelherr Ja, bei Gott, das habt Ihr, Nathan!
Das habt Ihr! – Eure Hand! – Ich schäme mich,
Euch einen Augenblick verkannt zu haben.

Nathan Und ich bin stolz darauf. Nur das Gemeine
Verkennt man selten.

Tempelherr Und das Seltene
Vergisst man schwerlich. Nathan, ja;
Wir müssen, müssen Freunde werden.

Nathan Sind
Es schon. – Wie wird sich Recha freuen! –
Und ah! welch eine heitre Ferne schließt
Sich meinen Blicken auf! – Kennt sie nur erst.

Tempelherr Ich brenne vor Verlangen. – Wer stürzt dort
Aus eurem Hause? Ist's nicht ihre Daja?

Nathan Jawohl. So ängstlich?

Tempelherr Unsrer Recha ist
Doch nichts begegnet?

Lessing, Gotthold Ephraim: Nathan der Weise.
Aus: ders.: Nathan der Weise. Ein dramatisches Gedicht in fünf Aufzügen. Reclam, Stuttgart, 1987, Seiten 46–50.

Aufgabe

Interpretieren Sie diesen Text.
Mögliche Fragen als Hilfestellung:
- *Wie begegnen sich die beiden Personen?*
- *Welche Motive bestimmen ihr Verhalten?*
- *Welches Welt- und Menschenbild lassen sie erkennen?*
- *Wie argumentieren sie in ihren Dialoganteilen?*
- *(Wie) ändert sich ihre Haltung im Verlauf der Szene? Was bewirkt die Veränderung?*
- *Welche Textelemente bestimmen die Wirkung der Szene?*

Lösungsvorschlag

Erster Schritt: Annäherung – Wie wirkt der Text?

Der Autor gibt für diesen Auftritt nur spärliche Regieanweisungen. Dennoch kann sich der Leser die Begegnung der beiden Personen allein aus dem Haupttext sehr genau vorstellen: Nathan nähert sich dem Tempelherrn, den er sich schon genau angesehen hat, betont freundlich, fast unterwürfig. Dieser aber tritt ungestüm und hochmütig auf und weist den Juden barsch zurück. Schon nach wenigen Zeilen ist die Spannung aufgebaut, ob Nathan sein Anliegen vorbringen oder gar durchsetzen kann. Wie in einem kleinen Drama im Drama gibt es nach der Steigerung der Spannung einen Höhe- und Wendepunkt, danach neigt sich der Spannungsbogen allmählich, die beiden Männer kommen sich näher. Am Schluss ist eine glückliche Lösung gefunden, bevor durch das Auftreten einer weiteren Person neue Spannung aufgebaut wird.
Nathan erscheint in dieser Szene tatsächlich als „der Weise", der beharrlich und klug sein Ziel verfolgt, sich von den Angriffen und Beleidigungen des jungen Tempelherrn nicht irritieren lässt. Seine sanfte Hartnäckigkeit beeindruckt nicht nur diesen, sondern auch den Leser/Zuschauer. Die Versform ist eigentlich nur optisch wahrnehmbar; liest man über die Versenden hinweg, bekommt man den Eindruck eines sehr lebendigen, der rhythmischen Prosa angenäherten Gesprächs. Wenn am Ende Daja auftritt, die offensichtlich etwas Wichtiges zu vermelden hat, wird einem bewusst, dass die Szene nicht für sich steht, sondern in einen größeren Handlungsrahmen eingebaut ist.

2. Schritt: Inhalt – Was steht in dem Text?

Mögliche Fragestellungen zum Inhalt einer Dialogszene:
- In welcher Beziehung stehen die Dialogpartner zueinander?
- Welches Selbstverständnis, welches Welt- und Menschenbild lassen sie erkennen?
- Welche Motive bestimmen das Verhalten der Figuren?
- Ändern sich Beziehung und Verhalten im Verlauf der Szene?
- Welche Faktoren sind entscheidend für Verlauf und Ende der Auseinandersetzung?

Nathan betrachtet den „Jüngling" wohlwollend und begrüßt ihn mit allem Respekt, doch Rechas Retter reagiert abweisend und voll Verachtung. Er beleidigt Nathan mehrfach und zeigt offen seine judenfeindliche Haltung. Als Nathan Hilfe in Form von Geld anbietet, sieht er sich in seinem Vorurteil bestätigt. Er wird aber verunsichert, als Nathan voll Rührung und Dankbarkeit den Brandfleck auf seinem Mantel küsst, und er erkennt langsam, dass seine abfälligen Bemerkungen unpassend und falsch waren. Er lässt sich von Nathan belehren, dass jeder zur Mitmenschlichkeit und deshalb auch gegenüber Andersgläubigen zur Toleranz verpflichtet sei. Betroffen und beschämt reicht er Nathan die Hand und schließt mit ihm Freundschaft; Recha will er möglichst bald wiedersehen.

3. Schritt: Form – Wie ist der Text geschrieben?

Mögliche Fragestellungen zur formalen Gestaltung einer Dialogszene (Struktur und Sprache):

- Wie sind die Dialoganteile verteilt?
- Handelt es sich um wenig unterbrochene Redeabschnitte oder einen Schlagabtausch von Repliken?
- Gehen die Dialogpartner aufeinander ein?
- Wie bauen sie ihre Argumentation auf?
- Sprechen sie emphatisch oder distanziert?
- Welche Wirkung hat die (Vers-)Sprache?
- Welche stilistischen Elemente unterstreichen die Aussage/Wirkung?

Die **Sprache** ist stark rhythmisiert durch den Blankvers, der dem Dichter aber große Freiheit lässt, Redefluss und Redestockungen zu gestalten (Enjambements, Versteilungen); der Dialog wirkt ungekünstelt, der jeweiligen Redeabsicht und Gemütsverfassung voll angepasst, z. B.:

Enjambement	Nathan	Fast scheu ich mich des Sonderlings. Fast macht Mich seine raue Tugend stutzen. Dass Ein Mensch doch einen Menschen so verlegen Soll machen können!	Gedankenfluss
	Tempelherr	Nun gut, das will ich auch nicht ganz verreden, Um meines Mantels willen nicht. Sobald Der ganz und gar verschlissen; weder Stich Noch Fetze länger halten will: komm ich Und borge mir bei Euch zu einem neuen Tuch oder Geld.	schnelle, hastige Rede
rasch folgende Repliken	Nathan Tempelherr Nathan Tempelherr Nathan	Verzeihet, edler Franke ... Was? Erlaubt ... Was, Jude? Was? Dass ich mich untersteh, Euch anzureden.	Tempelherr unterbricht Nathans Anrede, zeigt sich barsch und arrogant; Nathan bringt seinen Satz unbeeindruckt zu Ende.
	Nathan Tempelherr Nathan Tempelherr	Ich weiß, wie gute Menschen denken, weiß, Dass alle Länder gute Menschen tragen. Mit Unterschied, doch hoffentlich? Jawohl; An Farb', an Kleidung, an Gestalt verschieden. Auch hier bald mehr, bald weniger, als dort.	Meinungen prallen aufeinander.
Redefluss	Nathan Tempelherr	Ich heiße Nathan; bin des Mädchens Vater, Das Eure Großmut aus dem Feu'r gerettet; Und komme ... Wenn zu danken: – sparts! Ich hab' Um diese Kleinigkeit des Dankes schon Zu viel erdulden müssen. – Vollends Ihr, Ihr seid mir gar nichts schuldig.	trotz des gleichen Versmaßes gegensätzliche Sprechhaltung (ruhig, gelassen // aufgebracht, aggressiv); gegensätzlicher Sprachrhythmus

Zur **Dialogstruktur** ist anzumerken, dass die Gesprächsanteile insgesamt fast gleichmäßig auf die beiden Figuren verteilt sind. Nathan ergreift die Initiative, der Tempelherr will, aber kann ihn nicht abweisen, es entwickelt sich ein Gespräch mit kurzen monologischen Teilen beiderseits, die oft hart aufeinanderprallen, z. B.:

- Tempelherr, Vers 25 – 37; Nathan, Vers 38 – 48
- Nathan, Vers 113 – 120; Tempelherr, Vers 121 – 140 (Sprecherwechsel innerhalb eines Verses!)

Eine Analyse der **Sprechaktsequenzen** ergibt etwa folgendes Bild:

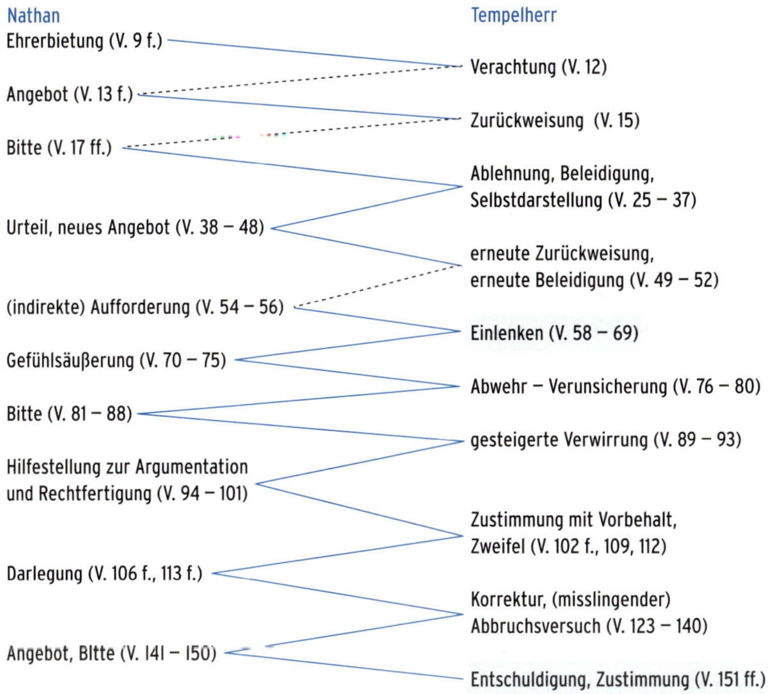

In ihrer **Argumentationsweise** sind die beiden Figuren dann ebenbürtige Dialogpartner, wenn der Tempelherr sich auf eine sachliche Auseinandersetzung einlässt. Nathan „gewinnt" letztlich durch die Überzeugungskraft seiner Argumente, d.h. auch durch die Überzeugung, mit der er sie vertritt.

Sprachlich-stilistische Mittel verstärken die Wirkung von Rede und Gegenrede:

Alliteration	Gern, Sehr gern ergriff ich die Gelegenheit	nachdrückliche Erklärung
	Nicht fremd und nicht gefangen	Betonung der Situation, Mitleid
Anapher	Fast scheu ich mich des Sonderlings. Fast macht Mich seine raue Tugend stutzen.	Verwunderung, Zögern
	Was? […] Was, Jude? Was?	Ungeduld.
Redefluss	Nur muss der eine nicht den andern mäkeln. Nur muss der Knorr den Knuppen hübsch vertragen. Nur muss ein Gipfelchen […]	→ Ausschmückung, Nachdruck
Bild	Mehrere, zu nah gepflanzt, zerschlagen Sich nur die Äste. Nur muss der Knorr den Knuppen hübsch vertragen	indirekte Belehrung
Ellipse	Nur kurz. Wie das? Ihr? Mit nichts. Tut nichts.	Unhöflichkeit, Abwehr

Wiederholung	Ich weiß, wie gute Menschen denken; weiß, Dass alle Länder gute Menschen tragen. Verachtet Mein Volk so sehr Ihr wollt. Wir haben beide Uns unser Volk nicht auserlesen. Sind Wir unser Volk? Was heißt denn Volk?	Betonung der Schlüsselwörter

Vierter Schritt: Deutung – Warum wurde der Text (so) geschrieben?

G. E. Lessing lässt die Zuschauer/Leser in der vorliegenden Szene einen Prozess der Veränderung miterleben. Er führt von der Arroganz zur Bescheidenheit, von der Intoleranz zu Achtung und Respekt, von grundloser Abneigung zur Wertschätzung – dank der Glaubwürdigkeit und Geduld des Dialogpartners und der Überzeugungskraft seiner Argumente. Die Figuren, die auf der Bühne diesen Prozess darstellen, charakterisieren sich durch Auftreten und Sprache selbst.

Der Tempelherr, ein fanatischer junger Ordensritter im Dienste der christlichen Kirche, verbittert über seine Situation (er ist „fremd" und „gefangen"; „Mein Leben war mir ohnedem/In diesem Augenblicke lästig." V. 25 f.), begegnet dem Juden barsch („Was?" V. 10; „Wenn zu danken: – spart's!" V. 25), beleidigend („Was, Jude?" V. 12; „wenn's auch nur/Das Leben einer Jüdin wäre." V. 36 f.) und herablassend („kann ich's wehren? Doch/Nur kurz." V. 15 f.; „Tut nichts!/Er hat der Tropfen mehr." V. 78 f.), voll Verachtung und voller Vorurteile („Ihr? Mit nichts." V. 49; „Der reichre Jude war/Mir nie der bessre Jude." V. 52 f.).

Nathan, ihm an Alter, Lebenserfahrung und Klugheit weit überlegen, lässt sich nicht irritieren oder gar provozieren, bleibt im Ton freundlich, in der äußerlichen Haltung unverändert ruhig. Er ignoriert die höhnischen und beleidigenden Formulierungen, setzt sich gelassen und argumentativ mit dem Verhalten und den Aussagen auseinander („eilet nicht so stolz,/Nicht so verächtlich einem Mann vorüber,/Den Ihr auf ewig Euch verbunden habt." V. 17 ff.; „Groß und abscheulich! – Doch die Wendung lässt/Sich denken." V. 18 f.; „Dürft Ihr denn/Darum [...] nicht seinen Reichtum nützen?" V. 54 ff.). Als sich der junge Mann auf seine Frage, die eigentlich eine Aufforderung ist, einlässt, als er erstmals ohne Aggression spricht („Nun gut, das will ich auch nicht ganz verreden" V. 58), macht Nathan eine wohlüberlegte Geste: Er greift nach dem Zipfel des Mantels und lässt eine Träne darauf fallen. Der Versuch des Tempelherrn, dabei kalt und unbeeindruckt zu bleiben („Tut nichts!" V. 78; „Was damit?" V. 84), misslingt („Bald aber fängt/Mich dieser Jud' an zu verwirren" V. 79), weil Nathan – scheinbar unbeabsichtigt – seine (maskierte) emotionale Ebene getroffen hat.

Nachdem der Tempelherr die Wirkung von Gesten und Worten bestätigt („Ich bin betreten–" V. 92), kann Nathan mit seiner „Belehrung" beginnen. Diplomatisch entgegenkommend liefert er selbst seinem Gegenüber Entschuldigungsgründe für sein Verhalten („Ihr wart zu gut, zu bieder,/Um höflicher zu sein." V. 95 f.), um ihm die Peinlichkeit einer Rechtfertigung zu ersparen und einen rational gesteuerten Disput zu ermöglichen. Schlüsselbegriffe darin sind „Mensch" (insbesondere „gute" Menschen) und „Volk", die es zu definieren gilt. Nathans Überzeugung, „Dass alle Länder gute Menschen tragen" V. 107, wird vom Dialogpartner zunächst nicht in dieser generellen Form akzeptiert. Er formuliert seinerseits Vorwürfe gegen das „auserwählte Volk", aber auch gegen den „Stolz" und die „fromme Raserei" der anderen Religionen. Damit verurteilt er – ebenso wie Nathan – den Absolutheitsanspruch auch seiner eigenen Religion. Darüber hinaus wendet er sich insbesondere gegen die Kreuzzüge, in denen sich die Überheblichkeit und Unterdrückung „in ihrer schwärzesten Gestalt" (V. 136) zeigten. Nathan hält ihn fest, um ihm über die Definition des Begriffes „Volk" die Verpflichtung zu Toleranz und Menschenliebe einsichtig zu machen. Die Theorie wird in die Praxis umgesetzt: Die beiden Männer schließen Freundschaft. Dies ist möglich, weil auf der Ebene der menschlichen Solidarität das Trennende religiöser Überzeugungen als vordergründig erkannt wird.

Freundschaft ist ein Ideal der Aufklärung, ebenso wie das friedliche Miteinander Andersdenkender auf der Basis der Toleranz. Insofern können in dieser Szene der Epochenbezug, das zeitgeschichtliche Bewusstsein des Autors und seine lehrhafte Absicht erkannt und gedeutet werden. Lessing hat eine optimistische Szene in einem optimistischen Drama gestaltet: Er glaubt an die Vernunft, an die Überzeugungskraft von Argumenten und von rational gesteuertem Handeln. Nathan verkörpert also das Ideal des aufgeklärten Menschen, indem er seine eigenen Emotionen zurückhält, wenn sie der guten Sache nicht dienlich sind, aber dennoch die Emotionen des Andersdenkenden anstößt, um einen Zugang zu ihm zu finden. Er glaubt an das Gute im Menschen; so hat er auch den „guten Kern" des Tempelherrn hinter dessen hochmütiger „Maske" erkannt.

Wenn der junge Ordensritter selbst Kritik übt an der Vorgehensweise seiner Kirche, ist er im Sinne Nathans, im Sinne Lessings und im Sinne der Aufklärung „bekehrt", denn Kriege im Namen Christi zu führen, Gewalt und Unterdrückung Andersgläubiger stehen im krassen Widerspruch zu den Geboten der „wahren" Religion. Lessing geht von der optimistischen Überzeugung aus, dass der Umdenkprozess jedes einzelnen unaufgeklärten, also intoleranten Menschen Grundvoraussetzung ist für eine menschlichere Welt. Dieser Gedanke soll von der Bühne auf das Publikum überspringen als Wunsch, selbst als aufgeklärter Weltbürger in einer humanen und toleranten Gesellschaft zu leben. Mit dieser Intention ist der Text zu jeder Zeit aktuell, auf private und politische Situationen übertragbar.

Hinweis

Ein herzoglicher Erlass im Juli 1778 hatte Lessings theologische Schriften unter Zensur gestellt. Danach beschloss er, sich „meiner alten Kanzel, auf dem Theater" wieder zuzuwenden – nach sechs Jahren Pause. Auf dem Theater könne viel besser als von der Kirchenkanzel herab gezeigt werden, wie die Utopie von einer „natürlichen" Welt in die geschichtliche Praxis zu überführen sei. Dies beweist, dass der Autor mit seinem „dramatischen Gedicht" aufklärerisch und belehrend auf die Zuschauer einwirken wollte.

3.2 Sprachbarrieren des Untergeordneten

M 1 Georg Büchner Woyzeck

Georg Büchners Drama „Woyzeck" ist nur fragmentarisch überliefert. Er hat einzelne Szenen und Szenenentwürfe kurz vor seinem Tod niedergeschrieben, aber nicht geordnet. Erst 1911 wurde das Stück uraufgeführt. Man hatte – wie in vielen späteren Aufführungen auch – die folgende Szene an den Anfang gestellt.

Der Hauptmann. Woyzeck.
Hauptmann auf einem Stuhl, Woyzeck rasiert ihn.

Hauptmann Langsam, Woyzeck, langsam; eins nach dem andern; Er macht mir ganz schwindlig. Was soll ich dann mit den zehn Minuten anfangen, die er heut zu früh fertig wird, Woyzeck, bedenk' Er, Er hat noch seine schöne dreißig Jahr zu leben, dreißig Jahr! macht 360 Monate, und Tage, Stunden, Minuten! Was will Er denn mit der ungeheuren Zeit all anfangen? Teil Er sich ein, Woyzeck.

Woyzeck Ja wohl, Herr Hauptmann.

Hauptmann Es wird mir ganz angst um die Welt, wenn ich an die Ewigkeit denke. Beschäftigung, Woyzeck, Beschäftigung! Ewig, das ist ewig, das ist ewig, das siehst du ein, nun ist es aber wieder nicht ewig und das ist ein Augenblick, ja, ein Augenblick – Woyzeck, es schaudert mich, wenn ich denk, dass sich die Welt in einem Tag herumdreht, was n' Zeitverschwendung, wo soll das hinaus? Woyzeck, ich kann kein Mühlrad mehr sehn, oder ich werd' melancholisch.

Woyzeck Ja wohl, Herr Hauptmann.

Hauptmann Woyzeck. Er sieht immer so verhetzt aus. Ein guter Mensch tut das nicht, ein guter Mensch, der sein gutes Gewissen hat. – Red' Er doch was Woyzeck. Was ist heut für Wetter?

Woyzeck Schlimm, Herr Hauptmann, schlimm; Wind.

Hauptmann Ich spür's schon, 's ist so was Geschwindes draußen; so ein Wind macht mir den Effekt wie eine Maus. (*Pfiffig*) Ich glaub' wir haben so was aus Süd-Nord.

Woyzeck Ja wohl, Herr Hauptmann.

Hauptmann Ha! ha! ha! Süd-Nord! Ha! Ha! Ha! O Er ist dumm, ganz abscheulich dumm. (*Gerührt.*) Woyzeck, Er ist ein guter Mensch, ein guter Mensch – aber (*mit Würde*) Woyzeck, Er hat keine Moral! Moral das ist wenn man moralisch ist, versteht Er. Es ist ein gutes Wort. Er hat ein Kind, ohne den Segen der Kirche, wie unser hochehrwürdiger Herr Garnisonsprediger sagt, ohne den Segen der Kirche, es ist nicht von mir.

Woyzeck Herr Hauptmann, der liebe Gott wird den armen Wurm nicht drum ansehn, ob das Amen drüber gesagt ist, eh' er gemacht wurde. Der Herr sprach: lasset die Kindlein zu mir kommen.

Hauptmann Was sagt Er da? Was ist das für 'ne kuriose Antwort? Er macht mich ganz konfus mit seiner Antwort. Wenn ich sag: Er, so mein ich Ihn, Ihn –

Woyzeck Wir arme Leut. Sehn Sie, Herr Hauptmann, Geld, Geld. Wer kein Geld hat. Da setz einmal einer seinsgleichen auf die Moral in die Welt. Man hat auch sein Fleisch und Blut. Unseins ist doch einmal unselig in der und der andern Welt. Ich glaub' wenn wir in Himmel kämen so müssten wir donnern helfen.

Hauptmann Woyzeck Er hat keine Tugend, Er ist kein tugendhafter Mensch. Fleisch und

Blut? Wenn ich am Fenster lieg, wenn's geregnet hat und den weißen Strümpfen so nachsehe wie sie über die Gassen springen, – verdammt Woyzeck, – da kommt mir die Liebe. Ich hab auch Fleisch und Blut. Aber Woyzeck, die Tugend, die Tugend! Wie sollte ich dann die Zeit herumbringen? Ich sag' mir immer: Du bist ein tugendhafter Mensch, (*gerührt*) ein guter Mensch, ein guter Mensch.

Woyzeck Ja Herr Hauptmann, die Tugend! Ich hab's noch nicht so aus. Sehn Sie, wir gemeinen Leut, das hat keine Tugend, es kommt einem nur so die Natur, aber wenn ich ein Herr wär und hätt ein Hut und eine Uhr und ein Anglaise und könnt vornehm reden, ich wollt schon tugendhaft sein. Es muss was Schöns sein um die Tugend, Herr Hauptmann. Aber ich bin ein armer Kerl.

Hauptmann Gut Woyzeck. Du bist ein guter Mensch, ein guter Mensch. Aber du denkst zuviel, das zehrt, du siehst immer so verhetzt aus. Der Diskurs hat mich ganz angegriffen. Geh' jetzt und renn nicht so, langsam hübsch langsam die Straße hinunter.

Georg Büchner: Woyzeck. Kritische Lese- und Arbeitsausgabe, Reclam, Stuttgart, 1972, Seiten 19, 21.

Aufgabe

Interpretieren Sie diesen Dialog.
Mögliche Fragen als Hilfestellung:

- *Wie entwickelt sich der Dialog?*
- *Was erfährt der Leser/Zuschauer über die Situation des Titelhelden?*
- *Inwiefern charakterisiert die Sprache die Dialogpartner?*
- *Ist eine „Parteinahme" des Autors erkennbar?*

Lösungsvorschlag

- Der Hauptmann dominiert den Dialog, zeigt deutlich seine rednerische Überlegenheit, während Woyzeck pflichtgemäß nur mit „Ja wohl" antwortet. Er bemerkt nicht, wie „pfiffig" sein Vorgesetzter ihn als „ganz abscheulich dumm" bloßstellen will. Erst als er auf seine „Moral" angesprochen wird, formuliert er seinen Standpunkt und bekommt größere Redeanteile, sodass der Hauptmann sich „ganz angegriffen" fühlt von dem „Diskurs". Der Hauptmann ist ein Schwätzer, offensichtlich erwartet er, dass sein banales Gerede ebenso banal erwidert wird. Seine Provokation löst nicht die beabsichtigte Wirkung aus; Woyzeck steht nicht beschämt vor ihm, sondern rechtfertigt sich. Seine Replik bringt den Hauptmann aus der Fassung.
- Woyzeck ist dem Hauptmann untergeordnet: Er muss ihn „bedienen", z. B. rasieren. Er ist daran gewöhnt, keine eigene Meinung zu äußern, sondern den Äußerungen seines Vorgesetzten stereotyp zuzustimmen, ohne darüber nachzudenken. Sein Gehetztsein deutet auf seine innere Unruhe; dass es ihm vorgeworfen wird, ebenso wie seine Dummheit, nimmt er scheinbar ungerührt hin. Demütigungen gehören zu seinem sozialen Stand. Er ist also der typische Anti-Held. Allerdings wehrt er sich, als sein uneheliches Kind in Zusammenhang gebracht wird mit fehlender Moral und Tugend. Er stützt sich auf Zitate aus der Bibel und rechtfertigt die Lebensweise der kleinen Leute mit dem Argument, dass ihnen für Tugend und Moral das nötige Geld fehle. Er glaubt also, dass tugendhaftes, moralisches, geregeltes Leben an Reichtum gekoppelt ist, während Armut der „Natur" nachgeben muss. Sein Fazit ist resignativ und definitiv: Er ist und bleibt „ein armer Kerl", er ist „unselig in der und der andern Welt".
- Der Hauptmann wird von Woyzeck respektvoll mit „Sie" und „Herr" angesprochen, er selbst nennt nur den Nachnamen Woyzeck und benützt die Anrede „Er", um den Standesunterschied

zu betonen. Nur gelegentlich wechselt er zum vertraulichen „Du", damit demonstriert er seine Jovialität. Er ergeht sich in Platitüden und Phrasen („Moral das ist wenn man moralisch ist", „Ewig, das ist ewig", „ein guter Mensch tut das nicht", „den Effekt wie eine Maus" ...). Diese Wendungen zeigen, wie eingebildet, aber ungebildet er ist, unfähig zu eigenen Gedanken, voll Menschenverachtung („Ha, ha, ha!") hinter vorgeschobener Freundlichkeit („Du bist ein guter Mensch"). Durch seine nichtssagenden und widersprüchlichen Äußerungen entlarvt er sich selbst als ängstlich und lebensuntüchtig. – Woyzecks Unterwürfigkeit zeigt sich natürlich auch in seinem Sprachverhalten. Zunächst redet er überhaupt nicht, lässt Worte einfach über sich ergehen („Red' Er doch was"). Als er dann aber redet, macht er den Hauptmann „ganz konfus", denn er „denkt zuviel". Er fasst seine Gedanken in schlichte Worte und grammatikalisch fehlerhafte, unvollständige Sätze („Wenn ich ein Herr wär und ... könnt vornehm reden, ..."). Er denkt und spricht einfach, aber logisch, orientiert sich inhaltlich und sprachlich an der Bibel, aber im Gegensatz zum Hauptmann plappert er keine Redensarten nach, sondern verwendet die Zitate sinnvoll, um seine (fatalistische) Überzeugung zu formulieren.

- Woyzeck erscheint als Individuum (Name!), der Hauptmann als Typus des großsprecherischen, überheblichen, inhumanen und intoleranten Spießers. Büchner lässt ihn zur Karikatur werden durch seine platten Sätze, seine unsinnigen Definitionen, seine „Konfusion", aber auch durch die spärlichen Regieanweisungen, die dem Leser als Subtext das Verstehen erleichtern : „pfiffig", „gerührt", „mit Würde". Die Sympathie des Autors für den Unterdrückten, Gedemütigten, sozial Schwachen ist unverkennbar.

Hinweis / Lesetipp:

Georg Büchners Biografie, seine Flugschrift „Der Hessische Landbote" und seine Briefe an die Familie geben Aufschluss über seine politische und soziale Einstellung.

3.3 Überredungskunst des Erfahrenen

M1 Bertolt Brecht Leben des Galilei

Bertolt Brechts Stück zeigt 15 Bilder aus dem Leben des berühmten Forschers. Galilei lebte von 1564–1642, die Handlung des Dramas spielt zwischen 1609 und etwa 1640.

Darlegung gegensätzlicher Standpunkte

Galilei hat seine Heimatstadt Padua verlassen, weil er in Florenz bessere Karrierechancen hat und besser bezahlt wird. Aufgrund seiner Forschungen liefert er Beweise für das heliozentrische Weltbild des Kopernikus. Da dies aber der kirchlichen Lehre widerspricht, wird er nach Rom zitiert. Der päpstliche Astronom bestätigt zwar die Richtigkeit von Galileis Entdeckungen, seine Lehre wird aber dennoch für „ketzerisch" erklärt und deshalb verboten. Ein kleiner Mönch hat Galilei den „Spruch" der Untersuchungskommission „verstohlen" mitgeteilt.

8 Ein Gespräch

Galilei las den Spruch
Ein junger Mann kam zu Besuch
War eines armen Bauern Kind
Wollt wissen, wie man Wissen find't.
Wollt es wissen, wollt es wissen.

Im Palast des Florentinischen Gesandten in Rom

Galilei hört den kleinen Mönch an, der ihm nach der Sitzung des Collegiums Romanum den Ausspruch des päpstlichen Astronomen zugeflüstert hat.

Galilei Reden Sie, reden Sie! Das Gewand, das Sie tragen, gibt Ihnen das Recht zu sagen, was immer Sie wollen.

Der kleine Mönch Ich habe Mathematik studiert, Herr Galilei.

Galilei Das könnte helfen, wenn es Sie veranlaßte einzugestehen, daß zwei mal zwei hin und wieder vier ist!

Der kleine Mönch Herr Galilei, seit drei Nächten kann ich keinen Schlaf mehr finden. Ich wußte nicht, wie ich das Dekret, das ich gelesen habe, und die Trabanten des Jupiter, die ich gesehen habe, in Einklang bringen sollte. Ich beschloß, heute früh die Messe zu lesen und zu Ihnen zu gehen.

Galilei Um mir mitzuteilen, daß der Jupiter keine Trabanten hat?

Der kleine Mönch Nein. Mir ist es gelungen, in die Weisheit des Dekrets einzudringen. Es hat mir die Gefahren aufgedeckt, die ein allzu hemmungsloses Forschen für die Menschheit in sich birgt, und ich habe beschlossen, der Astronomie zu entsagen. Jedoch ist mir noch daran gelegen, Ihnen die Beweggründe zu unterbreiten, die auch einen Astronomen dazu bringen können, von einem weiteren Ausbau der gewissen Lehre abzusehen.

Galilei Ich darf sagen, daß mir solche Beweggründe bekannt sind.

Der kleine Mönch Ich verstehe Ihre Bitterkeit. Sie denken an die gewissen außerordentlichen Machtmittel der Kirche.

Galilei Sagen Sie ruhig Folterinstrumente.

Der kleine Mönch Aber ich möchte andere Gründe nennen. Erlauben Sie, daß ich von mir rede. Ich bin als Sohn von Bauern in der Campagna aufgewachsen. Es sind einfache Leute. Sie wissen alles über den Ölbaum, aber sonst recht wenig. Die Phasen der Venus beobachtend, kann ich nun meine Eltern vor mir sehen, wie sie mit meiner Schwester am Herd sitzen und ihre Käsespeise essen. Ich sehe die Balken über ihnen, die der Rauch von Jahrhunderten geschwärzt hat, und ich sehe genau ihre alten abgearbeiteten Hände und den kleinen Löffel darin. Es geht ihnen nicht gut, aber selbst in ihrem Unglück liegt eine gewisse Ordnung verborgen. Da sind diese verschiedenen Kreisläufe, von dem des Bodenaufwischens über den der Jahreszeiten im Ölfeld zu dem der Steuerzahlung. Es ist regelmäßig, was auf sie herabstößt an Unfällen. Der Rücken meines Vaters wird zusammengedrückt nicht auf einmal, sondern mit jedem Frühjahr im Ölfeld mehr, so wie auch die Geburten, die meine Mutter immer geschlechtsloser gemacht haben, in ganz bestimmten Abständen folgten. Sie schöpfen die Kraft, ihre Körbe schweißtriefend den steinigen Pfad hinaufzuschleppen, Kinder zu gebären, ja zu essen aus dem Gefühl der Stetigkeit und Notwendigkeit, das der Anblick des Bodens, der jedes Jahr von neuem grünenden Bäume, der kleinen Kirche und das Anhören der sonntäglichen Bibeltexte ihnen verleihen können. Es ist ihnen versichert worden, daß das Auge der Gottheit auf ihnen liegt, forschend, ja beinahe angstvoll, daß das ganze Welttheater um sie aufgebaut ist, damit sie, die Agierenden, in ihren großen oder kleinen Rollen sich bewähren können. Was würden meine Leute sagen, wenn sie von mir erführen, daß sie sich auf einem kleinen Steinklumpen befinden, der sich unaufhörlich drehend im leeren Raum um ein anderes Gestirn bewegt, einer unter sehr vielen, ein ziemlich unbedeutender. Wozu ist jetzt noch solche Geduld, solches Einverständnis in ihr Elend nötig oder gut? Wozu ist die Heilige Schrift noch gut, die alles erklärt und als notwendig begründet hat, den Schweiß, die Geduld, den Hunger, die Unterwerfung, und die jetzt voll von Irrtümern befunden wird? Nein, ich sehe ihre Blicke scheu werden, ich sehe sie die Löffel auf die Herdplatte senken, ich sehe, wie sie sich verraten und betrogen fühlen. Es liegt also kein Auge auf uns, sagen sie. Wir müssen nach uns selber sehen, ungelehrt, alt und verbraucht, wie wir sind? Niemand hat uns eine Rolle zugedacht außer dieser irdischen, jämmerlichen auf einem winzigen Gestirn, das ganz unselbständig ist, um das sich nichts dreht? Kein Sinn liegt in unserm Elend, Hunger ist eben Nichtgegessenhaben, keine Kraftprobe; Anstrengung ist eben Sichbücken und Schleppen, kein Verdienst. Verstehen Sie da, daß ich aus dem Dekret der Heiligen Kongregation ein edles mütterliches Mitleid, eine große Seelengüte herauslese?

Galilei Seelengüte! Wahrscheinlich meinen Sie nur, es ist nichts da, der Wein ist weggetrunken, ihre Lippen vertrocknen, mögen sie die Soutane küssen! Warum ist denn nichts da? Warum ist die Ordnung in diesem Land nur die Ordnung einer leeren Lade und die Notwendigkeit nur die, sich zu Tode zu arbeiten? Zwischen strotzenden Weinbergen, am Rand der Weizenfelder! Ihre Campagnabauern bezahlen die Kriege, die der Stellvertreter des milden Jesus in Spanien und Deutschland führt. Warum stellt er die Erde in den Mittelpunkt des Universums? Damit der Stuhl Petri im Mittelpunkt der Erde stehen kann! Um das letztere handelt es sich. Sie haben recht, es handelt sich nicht um die Planeten, sondern um die Campagnabauern. Und kommen Sie mir nicht mit der Schönheit von Phänomenen, die das Alter vergoldet hat! Wissen Sie, wie die Auster Margaritifera ihre Perle produziert? Indem sie in lebensgefährlicher Krankheit einen unerträglichen Fremdkörper, z. B. ein Sandkorn, in eine Schleimkugel einschließt.

Sie geht nahezu drauf bei dem Prozeß. Zum Teufel mit der Perle, ich ziehe die gesunde Auster vor. Tugenden sind nicht an Elend geknüpft, mein Lieber. Wären Ihre Leute wohlhabend und glücklich, könnten sie die Tugenden der Wohlhabenden und des Glücks entwickeln. Jetzt stammen diese Tugenden Erschöpfter von erschöpften Äckern, und ich lehne sie ab. Herr, meine neuen Wasserpumpen können da mehr Wunder tun als ihre lächerliche übermenschliche Plackerei. – „Seid fruchtbar und mehret euch", denn die Äcker sind unfruchtbar, und die Kriege dezimieren euch. Soll ich Ihre Leute anlügen?

Der kleine Mönch *in großer Bewegung*: Es sind die allerhöchsten Beweggründe, die uns schweigen machen müssen, es ist der Seelenfrieden Unglücklicher!

Galilei Wollen Sie eine Cellini-Uhr sehen, die Kardinal Bellarmins Kutscher heute morgen hier abgegeben hat? Mein Lieber, als Belohnung dafür, daß ich zum Beispiel Ihren guten Eltern den Seelenfrieden lasse, offeriert mir die Behörde den Wein, den sie keltern im Schweiße ihres Antlitzes, das bekanntlich nach Gottes Ebenbild geschaffen ist. Würde ich mich zum Schweigen bereit finden, wären es zweifellos recht niedrige Beweggründe; Wohlleben, keine Verfolgung etc.

Der kleine Mönch Herr Galilei, ich bin Priester.

Galilei Sie sind auch Physiker.

[...]

Der kleine Mönch Und Sie meinen nicht, daß die Wahrheit, wenn es Wahrheit ist, sich durchsetzt, auch ohne uns?

Galilei Nein, nein, nein. Es setzt sich nur so viel Wahrheit durch, als wir durchsetzen; der Sieg der Vernunft kann nur der Sieg der Vernünftigen sein. Eure Campagnabauern schildert Ihr ja schon wie das Moos auf ihren Hütten! Wie kann jemand annehmen, daß die Winkelsumme im Dreieck ihren Bedürfnissen widersprechen könnte! Aber wenn sie nicht in Bewegung kommen und denken lernen, werden ihnen auch die schönsten Bewässerungsanlagen nichts nützen. Zum Teufel, ich sehe die göttliche Geduld Ihrer Leute, aber wo ist ihr göttlicher Zorn?

Der kleine Mönch Sie sind müde!

Galilei *wirft ihm einen Packen Manuskripte hin*: Bist du ein Physiker, mein Sohn? Hier stehen die Gründe, warum das Weltmeer sich in Ebbe und Flut bewegt. Aber du sollst es nicht lesen, hörst du? Ach, du liest schon? Du bist also ein Physiker?

Der kleine Mönch hat sich in die Papiere vertieft.

Galilei Ein Apfel vom Baum der Erkenntnis! Er stopft ihn schon hinein. Er ist ewig verdammt, aber er muß ihn hineinstopfen, ein unglücklicher Fresser! Ich denke manchmal: ich ließe mich zehn Klafter unter der Erde in einen Kerker einsperren, zu dem kein Licht mehr dringt, wenn ich dafür erführe, was das ist: Licht. Und das Schlimmste: was ich weiß, muß ich weitersagen. Wie ein Liebender, wie ein Betrunkener, wie ein Verräter. Es ist ganz und gar ein Laster und führt ins Unglück. Wie lang werde ich es in den Ofen hineinschreien können – das ist die Frage.

Der kleine Mönch *zeigt auf eine Stelle in den Papieren*: Diesen Satz verstehe ich nicht.

Galilei Ich erkläre ihn dir, ich erkläre ihn dir.

Brecht, Bertolt: Ein Gespräch. Aus: ders.: Leben des Galilei. © Suhrkamp Verlag, Frankfurt, 1992, Seiten 74 – 79.
Dieser Text ist aus rechtlichen Gründen in der alten Rechtschreibung abgedruckt.

Aufgabe

Interpretieren Sie diese Szene.
Mögliche Fragen als Hilfestellung:

- *Was führt die Personen zusammen, was erhoffen sie sich von dem Gespräch?*
- *Wie sind die Dialoganteile verteilt?*
- *Welche Positionen vertreten die Dialogpartner? Mit welchen Argumenten und mit welchen rhetorischen Mitteln bekräftigen sie ihre Meinungen?*
- *Wie ist der Schluss der Szene zu werten?*

Lösungsansatz

Nebentext

Mit Hilfe des Nebentextes lässt sich der Verlauf der Auseinandersetzung erfassen:

Galilei hört den kleinen Mönch an.	→ Der kleine Mönch hat den großen Galilei aufgesucht, weil er ihm etwas mitteilen möchte.
Der kleine Mönch in großer Bewegung.	→ Er bemerkt, dass er Galilei nicht umgestimmt, sondern nur zum Widerspruch gereizt hat.
Galilei wirft ihm einen Packen Manuskripte hin.	→ Er beendet den theoretischen Disput, setzt auf die wissenschaftliche Neugier des Mönchs.
Der kleine Mönch hat sich in die Papiere vertieft.	→ Er kann sich der Faszination der neuen Entdeckungen nicht entziehen.
Der kleine Mönch zeigt auf eine Stelle in den Papieren.	→ Er beginnt von Galilei zu lernen.

Rede und Gegenrede

Im Zentrum der Szene stehen die Rede des kleinen Mönchs und Galileis Erwiderung darauf. Sie können den Inhalt und die Argumentationsstruktur dieser Reden besser überblicken, wenn Sie die Unterbrechungen außer Acht lassen.

Der kleine Mönch

Herr Galilei, seit drei Nächten kann ich keinen Schlaf mehr finden. Ich wußte nicht, wie ich das Dekret, das ich gelesen habe, und die Trabanten des Jupiter, die ich gesehen habe, in Einklang bringen sollte. Ich beschloß, heute früh die Messe zu lesen und zu Ihnen zu gehen. — Gesprächseröffnung / Gesprächsanlass

eigene Erkenntnis

[...]

Mir ist es gelungen, in die Weisheit des Dekrets einzudringen. Es hat mir die Gefahren aufgedeckt, die ein allzu hemmungsloses Forschen für die Menschheit in sich birgt, und ich habe beschlossen, der Astronomie zu entsagen. Jedoch ist mir noch daran gelegen, Ihnen die Beweggründe zu unterbreiten, die auch einen Astronomen dazu bringen können, von einem weiteren Ausbau der gewissen Lehre abzusehen.

→ Appell an andere — Erkenntnis → [These] — Folgerung

[...]

Erlauben Sie, daß ich von mir rede. Ich bin als Sohn von Bauern in der Campagna aufgewachsen. Es sind einfache Leute. Sie wissen alles über den Ölbaum, aber sonst recht wenig.

Authentizität der Beispiele — Beginn der Argumentation

Anschaulichkeit durch Details

Die Phasen der Venus beobachtend, kann ich nun meine Eltern vor mir sehen, wie sie mit meiner Schwester am Herd sitzen und ihre Käsespeise essen. Ich sehe die Balken über ihnen, die der Rauch von Jahrhunderten geschwärzt hat, und ich sehe genau ihre alten abgearbeiteten Hände und den kleinen Löffel darin. Es geht ihnen nicht gut, aber selbst in ihrem Unglück liegt eine gewisse Ordnung verborgen. Da sind diese verschiedenen Kreisläufe, von dem des Bodenaufwischens über den der Jahreszeiten im Ölfeld zu dem der Steuerzahlung. Es ist regelmäßig, was auf sie herabstößt an Unfällen. Der Rücken meines Vaters wird zusammengedrückt nicht auf einmal, sondern mit jedem Frühjahr im Ölfeld mehr, so wie auch die Geburten, die meine Mutter immer geschlechtsloser gemacht haben, in ganz bestimmten Abständen folgten. Sie schöpfen die Kraft, ihre Körbe schweißtriefend den steinigen Pfad hinaufzuschleppen, Kinder zu gebären, ja zu essen aus dem Gefühl der Stetigkeit und Notwendigkeit, das der Anblick des Bodens, der jedes Jahr von neuem grünenden Bäume, der kleinen Kirche und das Anhören der sonntäglichen Bibeltexte ihnen verleihen können. Es ist ihnen versichert worden, daß das Auge der Gottheit auf ihnen liegt, forschend, ja beinahe angstvoll, daß das ganze Welttheater um sie aufgebaut ist, damit sie, die Agierenden, in ihren großen oder kleinen Rollen sich bewähren können. Was würden meine Leute sagen, wenn sie von mir erführen, daß sie sich auf einem kleinen Steinklumpen befinden, der sich unaufhörlich drehend im leeren Raum um ein anderes Gestirn bewegt, einer unter sehr vielen, ein ziemlich unbedeutender. Wozu ist jetzt noch solche Geduld, solches Einverständnis in ihr Elend nötig oder gut? Wozu ist die Heilige Schrift noch gut, die alles erklärt und als notwendig begründet hat, den Schweiß, die Geduld, den Hunger, die Unterwerfung und die jetzt voll von Irrtümern befunden wird? Nein, ich sehe ihre Blicke scheu werden, ich sehe sie die Löffel auf die Herdplatte senken, ich sehe, wie sie sich verraten und betrogen fühlen. Es liegt also kein Auge auf uns, sagen sie. Wir müssen nach uns selber sehen, ungelehrt, alt und verbraucht, wie wir sind? Niemand hat uns eine Rolle zugedacht außer dieser irdischen, jämmerlichen auf einem winzigen Gestirn, das ganz unselbständig ist, um das sich nichts dreht? Kein Sinn liegt in unserm Elend, Hunger ist eben Nichtgegessenhaben, keine Kraftprobe; Anstrengung ist eben Sichbücken und Schleppen, kein Verdienst. Verstehen Sie da, daß ich aus dem Dekret der Heiligen Kongregation ein edles mütterliches Mitleid, eine große Seelengüte herauslese?

[...]

Es sind die allerhöchsten Beweggründe, die uns schweigen machen müssen, es ist der Seelenfrieden Unglücklicher!

Randnotizen links:
- Anschaulichkeit durch Details
- theoretischer Streit → persönliche Ebene
- → emphatische Schilderung
- indirekter Appell, Rechtfertigung
- Steigerung im Ausdruck

Randnotizen rechts:
- Beispiele für die bestehende Ordnung,
- 1. daraus folgende Feststellungen, Begründungen
  - 1. Ordnung
  - 2. Kraft
  - 3. Glaube
- 2.
- 3.
- Umkehrung: Beispiele für drohende Unordnung
- daraus folgende Hypothesen
- Schlussfolgerung
- Bekräftigung

Galilei

Seelengüte! Wahrscheinlich meinen Sie nur, es ist nichts da, der Wein ist weggetrunken, ihre Lippen vertrocknen, mögen sie die Soutane küssen! Warum ist denn nichts da? Warum ist die Ordnung in diesem Land nur die Ordnung einer leeren Lade und die Notwendigkeit nur die, sich zu Tode zu arbeiten? Zwischen strotzenden Weinbergen, am Rand der Weizenfelder! Ihre Campagnabauern bezahlen die Kriege, die der Stellvertreter des milden Jesus in Spanien und Deutschland führt. Warum stellt er die Erde in den Mittelpunkt des Universums? Damit der Stuhl Petri im Mittelpunkt der Erde stehen kann! Um das letztere handelt es sich. Sie haben recht, es handelt sich nicht um die Planeten, sondern um die Campagnabauern. Und kommen Sie mir nicht mit der Schönheit von Phänomenen, die das Alter vergoldet hat! Wissen Sie, wie die Auster Margaritifera ihre Perle produziert? Indem sie in lebensgefährlicher Krankheit einen unerträglichen Fremdkörper, z. B. ein Sandkorn, in eine Schleimkugel einschließt. Sie geht nahezu drauf bei dem Prozeß. Zum Teufel mit der Perle, ich ziehe die gesunde Auster vor. Tugenden sind nicht an Elend geknüpft, mein Lieber. Wären Ihre Leute wohlhabend und glücklich, könnten sie die Tugenden der Wohlhabenden und des Glücks entwickeln. Jetzt stammen diese Tugenden Erschöpfter von erschöpften Äckern, und ich lehne sie ab. Herr, meine neuen Wasserpumpen können da mehr Wunder tun als ihre lächerliche übermenschliche Plackerei. — „Seid fruchtbar und mehret euch", denn die Äcker sind unfruchtbar, und die Kriege dezimieren euch. Soll ich Ihre Leute anlügen?

[...]

Mein Lieber, als Belohnung dafür, dass ich zum Beispiel Ihren guten Eltern den Seelenfrieden lasse, offeriert mir die Behörde Wein, den sie keltern im Schweiße ihres Antlitzes, das bekanntlich nach Gottes Ebenbild geschaffen ist. Würde ich mich zum Schweigen bereit finden, wären es zweifellos recht niedrige Beweggründe; Wohlleben, keine Verfolgung etc.

[...]

Es setzt sich nur so viel Wahrheit durch, als wir durchsetzen; der Sieg der Vernunft kann nur der Sieg der Vernünftigen sein. Eure Campagnabauern schildert Ihr ja schon wie das Moos auf ihren Hütten! Wie kann jemand annehmen, daß die Winkelsumme im Dreieck ihren Bedürfnissen widersprechen könnte! Aber wenn sie nicht in Bewegung kommen und denken lernen, werden ihnen auch die schönsten Bewässerungsanlagen nichts nützen. Zum Teufel, ich sehe die göttliche Geduld Ihrer Leute, aber wo ist ihr göttlicher Zorn?

Randnotizen links: Frage nach den Ursachen — persönliche Zurückweisung — Nachdruck — Konjunktiv = Hypothese — Bibelzitat + ironische Auslegung, rhetorische Frage = Vorwurf — Bibel (siehe oben) — Nachdruck — = ideologische Warte

Randnotizen rechts: Erwiderung — Richtigstellung ↑ Aufnahme der Beispiele — ⟶ Ironie — eigenes Beispiel — Fazit — eigenes Argument — Beweis Ziel: Verunsicherung — Überzeugung These — Vorwurf

Vergleich der Positionen

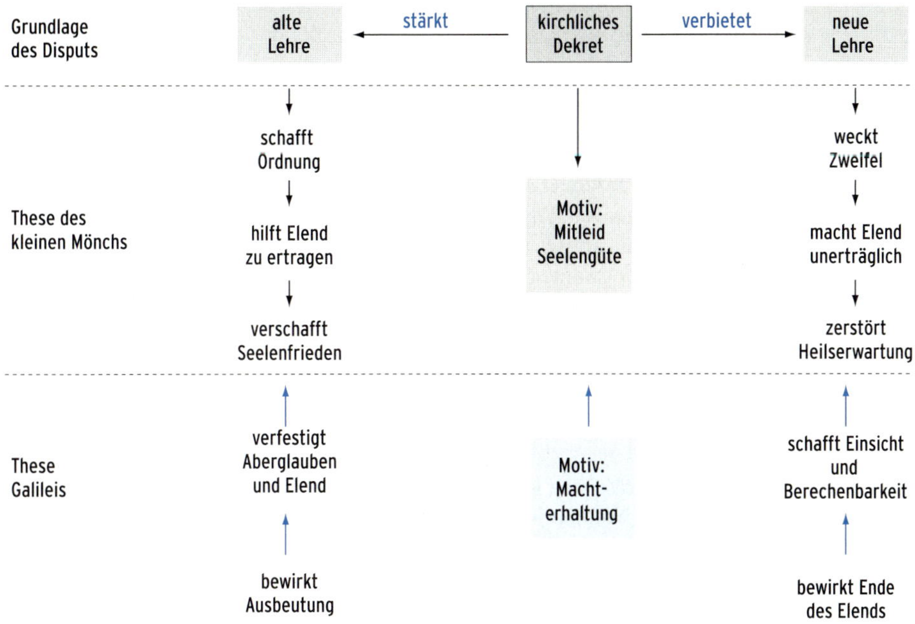

Lösungsvorschlag

Argumentationsweise

Der kleine Mönch hält eine dialektisch aufgebaute, rhetorisch ausgefeilte, aber auch sehr persönlich gefärbte Rede. Nach der Gesprächseröffnung (Begründung, Gesprächsanlass) formuliert er seine Erkenntnis (These) und seine Gesprächsabsicht. Seine Argumentation stützt er auf Beispiele aus seiner eigenen Erfahrungswelt, diese beschreibt er sehr anschaulich und mit großer emotionaler Bewegung.

In dialektischer Weise kontrastiert er die real existierende Situation mit den negativen Folgen hypothetischer Veränderungen. Am Schluss appelliert er an das Verständnis Galileis für die Lage der armen Bauern, er wiederholt und bekräftigt seine Position, zu der er sich nach schweren Zweifeln durchgerungen hat. Persönliche Erfahrungen dienen als Beispiel und veranschaulichen die Argumente in der Diskussion eines abstrakten Themas.

Galilei erwidert direkt, indem er die Beispiele des kleinen Mönchs aufgreift, aber zur Bekräftigung seiner Gegenthese benutzt. Auch die scheinbare Zustimmung („Sie haben recht ...") ist böse Ironie: Es handle sich beim Verbot der neuen Lehre tatsächlich um die Campagnabauern, die Kirche wolle aber nicht deren Seelenfrieden, sondern deren Wein.

Im Gegensatz zur wohl gegliederten Darlegung des kleinen Mönchs kontert Galilei sehr spontan. Er entkräftet die Argumente seines Gesprächspartners durch eine aggressive „Richtigstellung", ereifert sich („Nein, nein, nein."; „Zum Teufel") und bricht den Dialog ab. Er erkennt, dass er den „Priester" nicht überzeugen kann, also wendet er sich jetzt an den „Physiker".

Dramaturgie der Szene/Inszenierung des Dialogs

Bertolt Brecht will kein „dramatisches", sondern „episches" Theater. Das Publikum soll sich keiner Illusion hingeben, nicht emotional reagieren, sondern kritisch und distanziert betrachten, wie die Figuren auf der Bühne agieren und argumentieren. Der Szenentitel „Ein Gespräch" weist darauf hin,

dass keine Handlung zu erwarten ist, sondern „nur“ ein Dialog. Das dem Haupttext vorangestellte Epigramm nimmt den Inhalt vorweg und kommentiert – es handelt sich um einen „Verfremdungseffekt“, ähnlich wie ein Song oder ein Erzählertext, der auf der Bühne vorgetragen oder mit technischen Mitteln „eingeblendet“ wird.
Das Interesse des Zuschauers/Lesers soll sich auf die Überzeugungskraft der Argumente konzentrieren und den Weg verfolgen, auf dem der junge Mönch Wissen sucht und findet. Er trifft auf einen Galilei, der nach dem Spruch der Untersuchungskommission verbittert und gekränkt ist. Auf dessen anzügliche Bemerkung, er könne reden, was er wolle, da er ja Priester sei, reagiert er sachlich-höflich: Er sei auch Mathematiker. Wieder unterbricht ihn Galilei mit Ironie und Zynismus, der kleine Mönch setzt erneut an. Er erklärt seine Gewissensnot, Galilei redet unsachlich und abweisend dazwischen. Der kleine Mönch antwortet darauf knapp und sachlich und fährt dann ruhig mit seinen Ausführungen fort. Galilei schaltet sich noch einmal ein, weil er sich betroffen fühlt, doch der Angesprochene lässt sich nicht irritieren. Er schildert die Situation der Campagnabauern so plastisch, dass Galilei endlich zuhört, ohne ihn zu unterbrechen. Erst das Wort „Seelengüte“ in Verbindung mit dem kirchlichen Dekret reizt ihn zu zornigem Widerspruch. Er fragt nach Gründen und gibt selbst die Antworten, die die Argumentationskette des kleinen Mönchs aufbrechen. Seine Entgegnung richtet er direkt an den Gesprächspartner („Und kommen Sie mir nicht ...“; „Ihre Leute ...“), seine Position ist eindeutig und keinerlei Zweifel unterworfen („... und ich lehne sie ab.“; „Soll ich Ihre Leute anlügen?“). Wenn er in ironischer Absicht die Bibel zitiert, verunsichert er den kleinen Mönch so sehr, dass er nur noch „in großer Bewegung“ seine These wiederholen kann. Galilei drängt den Dialogpartner in die Enge, dessen vorsichtig formulierten Einwand („Und Sie meinen nicht ...“) weist er zurück und fordert energisch aktiven Widerstand („Zum Teufel ...“).
Der kleine Mönch hat das letzte Wort, denn Galilei hat offensichtlich keine Lust mehr zur Fortführung des theologischen Disputs. Er wendet sich an den Wissenschaftler, den er mit „du“ und „mein Sohn“ anredet – er hat gewonnen, er hat einen neuen Schüler gewonnen.
Aus dem Verhalten des kleinen Mönchs muss der Zuschauer selbst Schlüsse ziehen und es kritisch bewerten.

Mögliche Deutungsansätze (Textimmanente Interpretation)

- Der kleine Mönch legt dar, warum er sich von der Wissenschaft zurückziehen will und warum auch Galilei „von einem weiteren Ausbau der gewissen Lehre“ Abstand nehmen soll; er appelliert an die Verantwortung der Wissenschaftler. Er denkt an seine Eltern, die keinen Sinn mehr in ihrem armen Leben erkennen könnten, wenn sie begreifen müssten, dass sich die Erde nicht im Zentrum der Welt, nicht direkt unter dem Auge des gerechten Gottes befindet. Das Dekret der Kirche, das Verbot der heliozentrischen Lehre deutet er deshalb als Zeichen von Mitleid und „Seelengüte“. Aus seiner Sicht ist eine Veränderung der Verhältnisse nicht erstrebenswert. Der kleine Mönch rechtfertigt also den Spruch gegen Galilei mit dem theologischen Argument, dass mit der alten Lehre der „Seelenfriede“, nämlich das Vertrauen auf ausgleichende Gerechtigkeit im Jenseits erhalten bleibe. Davon ist und bleibt er überzeugt, auch wenn er seinen Vorsatz aufgibt, „der Astronomie zu entsagen“.
- Galilei wirft der Kirche vor, sie verkünde die Heilsordnung nur deshalb, weil sie sich bereichern und ihre Machtposition stärken wolle. Soziale Missstände, nämlich die vorsätzliche Ausbeutung der Bauern, würden durch das neue Dekret prolongiert. Seiner Meinung nach müssten die Ausgebeuteten revoltieren. Er argumentiert von einem ideologischen und intellektuellen Standpunkt aus. Die tatsächliche physische und psychische Verfassung der Bauern, die ihm der kleine Mönch schildert, berücksichtigt er dabei nicht. Seine Forderung an die sozial Benachteiligten, aktiv für die Veränderung der Gesellschaft tätig zu werden, hält der kleine Mönch für unangemessen und unerfüllbar.
- Galilei „gewinnt“ bei der Auseinandersetzung nicht durch die Überzeugungskraft seiner ideologischen Argumente, sondern durch seine pädagogische Intuition. Zunächst distanziert-überheb-

lich, dann leidenschaftlich und engagiert stellt er sich dem jungen zweifelnden Mann entgegen, der schließlich sein Vorhaben aufgibt. Weil der fromme Priester nichts mehr zu sagen weiß, setzt Galilei auf den wissensdurstigen Physiker. Er „ködert" ihn mit Manuskripten und er weiß genau, dass seine Aufforderung, sie nicht zu lesen, die gegenteilige, das heißt, die beabsichtigte Wirkung erreicht. Galilei glaubt an die Vernunft der Menschen. Der kleine Mönch ist für ihn der lebendige Beweis seiner Behauptung, dass niemand der neuen Wahrheit widerstehen kann, wenn es ihm wirklich um die Erkenntnis der Wahrheit geht.

- Es gibt keinen eindeutigen Gewinner der kontroversen Auseinandersetzung über die sozialen Folgen von Erneuerungen und über die Verantwortung des Wissenschaftlers. Wenn sich der kleine Mönch am Ende mehr für Galileis Manuskripte interessiert als für eine Lösung des Meinungsstreits, ist er dennoch nicht davon überzeugt, dass die Verbreitung der neuen Lehre die Lage der Campagnabauern verbessern würde. Keine der beiden Positionen erweist sich im Verlauf des Dialogs als absolut richtig oder als deutlich vernünftiger: Wissenschaftlicher Fortschritt verursacht religiöse Erschütterungen ↔ Festhalten am Überkommenen verhindert soziale Verbesserungen.
- Brechts Sprache ist schlicht, klar verständlich und eindringlich. Er differenziert jedoch sehr genau die Sprechweise seiner Bühnenfiguren und charakterisiert sie damit. Der kleine Mönch spricht überlegt, nachdenklich, geordnet, persönlich betroffen. Er ist der Sohn armer Bauern, der erfolgreich ein Theologiestudium absolviert hat. Er tritt bescheiden und respektvoll auf, setzt seine Worte bedacht, nie verletzend. Er beherrscht die Regeln des dialektischen Vortrags. Wenn er von Menschen und Gegebenheiten spricht, die er aus eigener Anschauung kennt, wird seine Rede bildhaft und persönlich. Er macht sich zum Anwalt des alten Weltbilds, weil er um dessen Stellenwert im Leben der armen Leute weiß. Auf die daraus resultierende ethische Verpflichtung des Wissenschaftlers will er Galilei hinweisen, deshalb versucht er seine Überlegungen überzeugt und nachdrücklich darzustellen. Galilei spricht zunächst gereizt, ungeduldig, bitter ironisch, dann leidenschaftlich engagiert und dozierend. Er ist der große, fanatische Wissenschaftler, der Engstirnigkeit und Kleinmütigkeit, Dummheit und Ignoranz verachtet. Der Spruch der Heiligen Kongregation hat ihn tief enttäuscht: Er kennt die Wahrheit und darf sie gegen besseres Wissen nicht unters Volk bringen. Die naive Argumentation des kleinen Mönchs fordert seinen entschiedenen Widerspruch heraus. Er hält ihr seinen Vernunftglauben entgegen, kompromisslos und kämpferisch. Seine rhetorischen Mittel sind nicht angelernt, sie sind Ausdruck seiner Entschlossenheit. Er will die Veränderung der herrschenden Ordnung und er will den kleinen Mönch für seine wissenschaftliche Arbeit gewinnen.

Denkanstöße für den Schlussteil des Interpretationsaufsatzes – mögliche Ausgangspunkte für die eigene Stellungnahme

- Galilei sieht die Naturwissenschaft als die Morgenröte einer neuen Zeit: Sie wird dem Volk Fortschritt und soziale Gerechtigkeit bringen. – Ist das Utopie geblieben?
- Galilei fordert von den Ausgebeuteten Zorn und Auflehnung: Sie sollen selbst für die Verbesserung ihrer Lage kämpfen. – Wie wäre diese Forderung zu konkretisieren? Ist sie realistisch?
- Galilei verlangt die Befreiung der Wissenschaft von Verordnungen und Rücksichten, von Tradition und staatlicher oder kirchlicher Autorität. – Welche Verantwortung hat dann die Wissenschaft selbst?
- Der These des kleinen Mönchs folgt die Antithese Galileis. – Ergibt sich eine Synthese, die die Entwicklung der Naturwissenschaften bestimmt hat?
- Im Verlauf des Dialogs erfolgt keine Annäherung der Positionen hinsichtlich der Verantwortung der Wissenschaft. – Welche Rolle spielen Aufgaben und Gefahren der Forschung im aktuellen Diskurs, z. B. bei Fragen zur Bio- und Gentechnik?

4_Gestaltende Interpretation

WISSEN

Gestaltendes Erschließen literarischer Texte (bzw. gestaltendes Interpretieren) bedeutet, einen Text produktiv zu erschließen, das heißt, einen eigenen Text zu verfassen, der das Original ergänzt und mittels dieser Ergänzung interpretiert. Der Interpret kann

- z.B. Leerstellen füllen (Zeitsprünge erzählend oder dialogisierend überbrücken),
- unausgesprochene Gedanken und Gefühle einer handelnden Person formulieren (innerer Monolog, Tagebucheintrag) oder
- das Geschehen aus einer anderen Perspektive darstellen.

Im Gegensatz zum kreativen Schreiben darf die Fantasie dabei nicht frei schweifen; die Textvorlage muss genau gelesen, Inhalt, Situation und Darstellung müssen erfasst und „verarbeitet" werden, damit der neue Text ohne erkennbaren Bruch dem Original ein- oder zugefügt werden könnte. Besondere Bedeutung kommt dem perspektivischen Wechsel und der Veränderung (z.B. Erweiterung) des Personals zu. (→ Seite 5, Anmerkungen zu Kapitel 4).

4

4.1 Perspektive wechseln – Kurzprosa

M1 Botho Strauß Frau auf der Bettkante

Aus dem Schlaf gerissen von seiner Abwesenheit, allein im gemeinsamen Hotelzimmer, vor Morgengrauen noch, die Hände zwischen die Knie gepresst, den Kopf leicht angehoben, den Blick zur Seite gesenkt – zur Besinnung kommen, heißt, es nicht fassen können.
Was soll ich tun? Eine Entscheidung treffen? Keine Entscheidung treffen? Warten? Handeln? Warten worauf? Handeln was? Er ist weg. Er ist wirklich abgereist! Hier bleiben, allein, auf dem Hotelzimmer?
Sein Jähzorn, Vernichtungskoller, seine unbeherrschte Bosheit. Sie musste sich wehren, und dann konnte sie nicht mehr zurück. Unmöglich einzulenken. Jetzt, weit weg von zu Haus, plötzlich aus heiterem Himmel, Aufbruch im Zorn, das Ende. Er ist wirklich weg! Wie wenig kann ich ihm noch bedeuten, wenn er imstande ist, tatsächlich abzureisen. Diesmal ist es ein tiefer, kalter Schnitt. Nicht wieder gutzumachen. Hin und her reißt es sie zwischen erbittertem Stolz und reumütigem Gewinsel. So kann er nicht umgehen mit einem anderen Menschen! Das muss er für immer wissen. Aber, was soll's, nur eine Episode, in Wirklichkeit nur ein kleiner fieser Zwischenfall in unserer langen, großen Geschichte. Eine Gewalttat, ja, abscheulich, aber sie zeigt doch aufs Neue: nichts ist erschöpft zwischen uns, nichts gleichgültig geworden.
Was werde ich tun? Was fange ich an? Allein in dieser verdammten Stadt. Es ist noch so früh. Ich werde zu Mittag essen unten am Hafen. Genau dort, wo wir gestern waren. Ich werde ins Kino gehen. Einen Spaziergang machen im Park. Mit den alten Straßenbahnen fahren. Ich sitze in der Fremde fest. Verstehe die Sprache nicht. Alles um einen herum ist höhnische Maskerade.
Gestern noch war es gut zu ertragen. Einander die Arme um die Hüften gelegt. Viel gesehen, viel Freude gehabt. So viel gleiche Schritte! Was haben wir nicht alles schon hinter uns gebracht! Wie wenig bedeuten dagegen die wilden Störungen, Ausfälle, die immer wieder dazwischenfahren wie der Blitz. Letztlich gehören sie zu unserer Geschichte. Letztlich haben sie uns immer enger und kräftiger zusammengetrieben. Aber es gibt eine Grenze. Es gibt Verletzungen, die nicht mehr zu ertragen sind. Wunden, durch die auch die größte Geschichte langsam verrinnt und ausläuft. Das war exakt der falsche Zeitpunkt, mir seine Kaltblütigkeit

zu beweisen. Seine angebliche Unabhängigkeit. Ort und Zeit exakt falsch gewählt. Dein erbärmlicher kleiner Stolz interessiert mich nicht, er stößt mich ab! Es ist in meinem Augen der Stolz eines zeternden Gnoms! Das bist nicht DU, und diese Brutalität, einfach davonzulaufen, diese lächerliche Strafaktion! Wozu das Ganze? Um mir eine Lehre zu erteilen? Mein Gott! Was für eine Kraftleistung an Rücksichtslosigkeit und Selbstüberschätzung! Oder gab es etwas, das ihn wirklich quälte? Nein. Der nackte Zorn. Sonst nichts.

Es kommt darauf an, den Tag einigermaßen planvoll einzuteilen. Bloß nicht hier sitzen bleiben! ... Aber weg vom Telefon? Das Telefon verlassen? Ein einziger Anruf könnte die Befreiung bringen. So ungeheuerlich er auch wäre. So unversöhnlich ich auch erwidern müsste. Nein, mein Freund, mein Herz, es geht nicht mehr ... Das Telefon. Es wäre zu erniedrigend, sich auch davon noch abhängig zu machen. Ich muss raus hier. Es heißt Lissabon, wo ich bin, und ich werde einfach hineingehen und sehen, sehen. Vielleicht später eine Weile vor den Bildern sitzen im Museum. Die nehmen einem etwas von der Fremde. Ein Tag, zwei Tage. Eine halbe Woche vielleicht. Ich werde ihm ganz bestimmt nicht nachreisen. Ich schreibe einen Brief. Ich schreibe keinen Brief. Er soll sich wundern, bloß das. Oh, es ist zu schlimm. Ich kann es nicht fassen, ich kann mich nicht rühren. Es übertrifft alles, was an Gemeinem bisher geschah. Meine Liebe braucht keinen Peitschenhieb, sie ist nicht müd! Aber, wenn ich's mir vorstelle jetzt, plötzlich käm er herein, sich anstarren und umarmen, lichterloh, alles vergeben-vergessen. Nein. Kann ich mir nicht vorstellen. Ich bin ziemlich sicher, dass ich es weder wünsche noch könnte. Diesmal ist es ein Riss, und eine Spur ist da, die zum Ausgang führt. Er wird der Verlierer sein und er wird sich wundern, wie er leiden muss. Mein Mut wird hart, ich merke es und es erleichtert mich.

Sicher ist nicht einmal, ob er heut noch bis nach Hause kommt.

Vielleicht fährt er ein paar Tage in die Schweiz. Vielleicht zum Bruder. Sicher ist nur, dass er in der Maschine nach Frankfurt sitzt. Sitzt wie? Die Zeitung liest. Whisky trinkt, den Imbiss nimmt? ... Ich bin ihn nicht los – er ist mich nicht los. Da mag er sich gediegen zurücklehnen in welchem Sessel und an welchem Ort des Himmels und der Erde auch immer.

abgedruckt in: apfel auf silberner schale. geschichten aus unserer zeit II. C.C. Buchners Verlag, Bamberg, 1994, Seite 73 ff.

Aufgabe

Verfassen Sie einen Paralleltext, in dem „er" seine Gedanken und Gefühle äußert.

4

Hinweis zur Aufgabenstellung

Ein „Parallel-Text" muss Parallelen aufzeigen in Form und Inhalt. Auffallend beim ersten Lesen der Textvorlage ist die emotionale Sprache. Sie findet Ausdruck in erlebter Rede und innerem Monolog. Nach der Einleitung meldet sich der Erzähler nur noch einmal kommentierend zu Wort („Hin und her reißt es sie zwischen erbittertem Stolz und reumütigem Gewinsel.") Die Verwirrung, die Fassungslosigkeit, der Zorn der Frau spiegeln sich in unvollständigen Sätzen, Fragen, Ausrufen, Vorwürfen, Widersprüchen wider. Sie rechnet ab: Der Blick zurück erfasst glückliche Augenblicke und „Ausfälle", die Wahrnehmung der gegenwärtigen Situation ergibt Ratlosigkeit, Unsicherheit, Verärgerung, in Zukunft will sie Selbstständigkeit, Härte und Entschlossenheit zeigen, weiß aber nicht, wie („Ich schreibe einen Brief. Ich schreibe keinen Brief."). Sie will ihre Verletzung mit Rachegedanken heilen, weiß aber, dass dies sinnlos ist: „Ich bin ihn nicht los – er ist mich nicht los."
Der Leser muss rekonstruieren, was vorgefallen ist, er muss sich ein Bild machen von der Beziehung zwischen „ihr" und „ihm", er muss – genau wie die Frau auf der Bettkante – spekulieren, was „er" jetzt macht, was ihn zu seinem Aufbruch veranlasst hat und was wäre, wenn er doch noch einmal zurückkäme. Diese Überlegungen sollen konkretisiert und formuliert werden, aber eben nicht aus der Sicht eines allwissenden Erzählers, sondern des Betroffenen, nicht aus zeitlicher Distanz, sondern „parallel": Sie sitzt auf der Bettkante, er ...

4

Lösungsangebot

Gerhard C. Krischker „Frau auf der Bettkante" von Botho Strauß
Mann in der Kneipe

„Senhor, mais um copo de tinto!" Ich weiß nicht, der wievielte es ist. Tinto. Soll ich ihr schreiben? Der Wein hat die Farbe von roter Tinte. Oder Blut. Ich glaube, ich muß ihr schreiben. Oder nicht. Schreiben hat etwas Endgültiges. Schwarz auf Weiß. Punktum. Wie oft habe ich ihr geschrieben. Wenn wir getrennt waren täglich. Der Tag bekam erst Sinn, wenn die Karte im Postkastenschlitz verschwand. Auch wenn's nur ein paar Zeilen waren: Amorsen haben wir es genannt. Sie hat fast nie geschrieben. Ihre Schrift – ich brächte sie nicht zusammen. Nicht sehr rund die Buchstaben und ein bißchen klein. Ich habe nichts zum Schreiben. Ich habe nichts zu sagen. Nichts mehr. Es ist alles gesagt. Und nichts. Daß man mit Worten so wenig ausdrücken kann! [...] Paß auf – damit fingst du fast jeden Satz an. Eine Lehrerin als Freundin. Am Anfang war's amüsant. Gemeinsame Basis. Deine Lieblingsfächerverbindung GK. Nein, nicht Geschichte und Kunsterziehung – meine Namensinitialen. Am Ende haben wir das Klassenziel nicht erreicht. Nicht versetzt. Ob sie sich versetzt vorkommt? Auch wenn sie nicht gut in Mathe war, damit hätte sie rechnen müssen. Eines Tages. Es war nur noch eine Frage der Zeit. Immer häufiger die Sticheleien. Immer nichtiger die Streitpunkte: Die Luftqualität in New York oder in Venedig, ob es scusi oder scusa heißt. Lächerlich. Die ersten Tränen. Ich kann mit weinenden Frauen nichts anfangen. Erst recht nicht in der Öffentlichkeit. In einem Café oder einer Bar. Ich finde es unfair.
Ob sie ahnt, dass ich in der „Tasca" sitze, wo wir gestern abend waren. Am Tatort, wohin es den Mörder immer wieder treibt. Ich bin kein Mörder und du kein Opfer. Wir sind beide an die Grenze gegangen. Und dabei wollten wir zusammen bis ans Ende der Welt gehen. Wo immer das ist. Lissabon. Ich habe nicht hergewollt. Ich hätte mir auch lieber ein Hotelzimmer im Avenida Place gewünscht. Du hattest Abziehbilder im Kopf. Wender'sche. Alte wackelige Straßenbahnen und gemütliche grünspanige Weinstuben. Mir gefällt's hier. [...]
Du willst nicht schlafen mit mir. Weil dir alles nicht paßt. Das Wetter. Die Stadt. Das Hotel. Das Zimmer. Ich. Vor allem ich. Du ißt viel zu schnell. Du trinkst viel zu viel. Du mit deinem egozentrischen Weltbild. Als du mir zu Weihnachten ein Parfüm „Egoïste" geschenkt hast,

fand ich's noch witzig. Jetzt kann ich dich nicht mehr riechen. Mach doch, was du willst. Schön und vornehm essengehen. Ins Kino (mit Untertiteln). Einen Spaziergang machen. Mit alten Straßenbahnen fahren. Ins Museum gehen zu den Kutschen oder stundenlang vor Bildern mit alten Männern hocken.
Mir sind die hier lieber. Auch wenn sie nach Schweiß riechen und schwarze Fingernägel haben. Ob sie ahnt, dass ich hier sitze. Beim gleichen Wein, am gleichen Tisch. Nein, die Senhora ist heute nicht dabei. Nein, heute nicht die Flasche mit dem „scheußlichen" Etikett. Der Blick auf ein modernes Weinlagerhaus. Mich hat's an ein Bild von Frida Kahlo erinnert: „Trink noch eins." Typisch. Für deine Sauferei ist dir kein Vorwand zu schade.
Wo sie wohl jetzt ist? Vielleicht fährt sie ein paar Tage zu ihren Eltern. Zum Ausweinen. Oder zu ihrem Bruder. Der hat ein Autotelephon. Bestimmt sitzt sie in der Maschine nach München. Oder in ihrem Hotelzimmer, die Hände zwischen die Knie gepreßt, den Kopf leicht angehoben, den Blick zur Seite gesenkt – wie auf einem Bild von Hopper. Und trotzt. Und ist sich keiner Schuld bewußt. Und verflucht und verteufelt mich. Die nackte Wut. Mit ihr macht mann so etwas nicht. Wenn schon jemand einen verläßt, dann sie ihn. Niemand anderes.
Im Fernseher in der Ecke schlägt ein Mann eine Frau im Badezimmer. Es schallte jede Ohrfeige. Die Dominospieler schauen nicht auf. Geschlagen hab ich dich nicht, das weiß ich, obwohl ich zum Ende hin nicht mehr viel weiß. Aber viel hat nicht gefehlt. Ich hätte es tun können. Ich war kurz davor. Du hast es provoziert.
„Senhor, mais um copo de tinto!" Senhor Manel schüttelt den Kopf, macht ein Zeichen und sagt ein Wort, das „Sperrstunde" heißen muß.
Warum bist du nicht gekommen? Früher hättest du gewußt, gefühlt, geahnt, daß ich hier bin. Früher. Ich weiß nicht, was ich gemacht hätte, wärst du an meinen Tisch gekommen, hättest aus meinem Glas getrunken, von meinem Teller gegessen und deine Zigarette im vollen Aschenbecher ausgedrückt. Ich weiß es nicht. Ich weiß es.

Krischker, Gerhard C.: „Frau auf der Bettkante" von Botho Strauß. Aus: ders.: Frau auf der Bettkante – Mann in der Kneipe. In: Geschichten aus unserer Zeit. Interpretationen. © C. C. Buchner Verlag, Bamberg, 1994, Seiten 214–216.
Dieser Text ist aus rechtlichen Gründen in der alten Rechtschreibung abgedruckt.

Anmerkung

Sie merken schon nach wenigen Zeilen, dass die Ihnen vorliegende „gestaltende" Interpretation von Gerhard C. Krischker direkt Bezug nimmt auf den zu interpretierenden Text. Sie übernimmt sowohl inhaltliche Details („Ich glaube, ich muß ihr schreiben. Oder nicht.") als auch erzählerische Mittel (innerer Monolog, du-Anrede) und sprachliche Besonderheiten (unvollständige Sätze, Fragen). Die kreative Gestaltung zeigt sich darin, dass die von Botho Strauß dargestellte Wahrnehmung und Reflexion der Situation von der „Gegenseite" geschildert und kommentiert wird. Was „sie" nicht weiß oder nicht wahrhaben will, kann von „ihm" ausgesprochen werden. Aber er ist sich wie sie sicher: Ich bin sie nicht los, sie ist mich nicht los.

Trainingsvorschläge

- *Schreiben Sie auch einen Paralleltext. Lassen Sie „ihn" aber nicht in der Kneipe sitzen, sondern in einem Flugzeug Richtung Frankfurt.*
- *Entwerfen Sie eine konventionelle/analytische Textinterpretation anhand der empfohlenen Arbeitsschritte, die Sie auf der CD-ROM finden.* (→ CD, Inter_02.pdf)

4.2 Charakterisieren – Roman

Theodor Fontane Effi Briest

Aufgabe

Verfassen Sie ein Selbstgespräch Effis kurz vor ihrem Tod,
in dem sie auf ihr (Ehe-) Leben zurückblickt.
Vergleichen Sie anschließend Ihre Lösung mit den Textauszügen von Christine Brückner.

Hinweis zur Aufgabenstellung

Für die Lösung der Aufgabe ist die Kenntnis der Romanhandlung Voraussetzung, nachfolgend eine kurze Zusammenfassung:
Effi Briest wird 17-jährig an den wesentlich älteren Baron von Innstetten verheiratet, der einmal Liebhaber ihrer Mutter war. Sie möchte eine honorable Dame der adligen Gesellschaft werden, eine liebevolle Ehefrau und eine gute Mutter. Aber sie langweilt sich schrecklich und hat Angst, wenn sie allein ist. Deshalb entwickelt sich eine Beziehung zu dem „Damenmann" Crampas. Als Effis Mann nach Jahren zufällig von dieser Affäre erfährt, tötet er Crampas im Duell und verstößt seine Frau. Erst als Effi schwer krank ist, darf sie wieder in ihr Elternhaus in Hohen-Cremmen zurückkehren.

Lösungsangebot

Christine Brückner Effi Briest an den tauben Hund Rollo

So hat Mutter mich erzogen: Jeder Mann ist der Richtige. Gutes Aussehen, Adel, gute Stellung. Als ich Instetten [*im Original: Innstetten*] zum erstenmal sah, überfiel mich ein nervöses Zittern. Als ob mein Körper sich hätte wehren wollen. Aber ich kannte die Äußerungen meines Körpers nicht. Ich hatte immer ein wenig Angst, und das hat er wohl auch gewollt. Von dem Spuk auf dem Kessiner Heuboden will ich gar nicht reden. Das war nicht recht, und darum hat er auch Schuld. Und wenn Crampas mir nicht die Augen geöffnet hätte, dann wäre ich die Angst in mir nie losgeworden. Instetten wollte mich mit Furcht an das Spukhaus binden und mich erziehen. Aber er war ein Schulmeister und kein Erzieher. In Angst darf man auch so ein halbes Kind, das ich noch war, nicht halten.
Mach Platz, Rollo! Wir bleiben eine Weile sitzen auf der Gartenbank.
Du hast dich immer nach oben gerichtet, Instetten. Wenn Bismarck pfiff, war Instetten zur Stelle. Das kannte ich nicht von Hohen-Cremmen. Mein Vater hatte bei allem doch etwas Freies, nicht das Beamtische. Er wollte nicht höher hinaus und musste darum auch keine Angst haben, dass er stürzen könnte.
Ich bin eine sehnsüchtige Natur. Ich hatte soviel Zeit zum Träumen und zum Mich-Sehnen, und du hattest dein Tun und sehntest dich nach nichts, du wolltest alles erreichen. Eigentlich war ich doch erst in der Knospe, aber von Blumen hast du nichts verstanden und von Frauen auch nicht viel. Du hast mich nicht zum Blühen gebracht. Ich bin, halb aufgeblüht, verwelkt. Ich war dein liebes Spielzeug, das hast du selber gesagt, und so ein Spielzeug holt man hervor, zeigt es, spielt damit und legt es zurück in die Schublade. Ich hatte das Alleinsein nicht gelernt zu Hause. Hier in Hohen-Cremmen hatte ich außer den Eltern noch meine Freundinnen und den Garten und die Schaukel und die Heckenwege. Bei dir in Kessin gab es nur die paar Zerstreuungen und das, was du „die stillen Tage" nanntest. Und dann die Abende, wenn du

die Lampe nahmst und sagtest, ich habe noch zu tun. Wenn du merktest, dass ich betrübt war, bist du umgekehrt, hast die Lampe auf den Flügel gestellt und gesagt: Spiel etwas, Effi! Und ich stand gehorsam auf und spielte etwas [...]
Ach, Instetten! Wir hätten miteinander reden sollen. Statt dessen rede ich jetzt mit Rollo. Wenn ich mal was zu dir sagte, hast du mir aufmerksam zugehört und mir auch zugestimmt, aber am Ende hast du doch wieder gesagt: Am besten, es bleibt alles beim Alten. Der Satz fällt mir immer ein, wenn ich in Gedanken mit dir rede. In der letzten Zeit rede ich viel mit dir, wenn ich hier in Hohen-Cremmen bei der Sonnenuhr sitze, und der Hund liegt neben mir und knurrt, wenn er träumt. [...]
Wenn ich mich prüfe, dann fühle ich weniger Schuld in mir als Scham, wie ein Kind sich schämt, weil es etwas Verbotenes getan hat und dabei ertappt wird. Und du hast mich ja auch bestraft, wie man ein Kind bestraft. Stell dich in die Ecke, schweig still! [...]

Christine Brückner: Wenn du geredet hättest, Desdemona. Ungehaltene Reden ungehaltener Frauen.
Hoffmann & Campe, Lizenzausgabe Bertelsmann, Gütersloh, o. J., Seite 75 ff.

4.3 Leerstelle füllen – Drama

Friedrich Schiller Kabale und Liebe

Luise Miller und Ferdinand von Walther lieben sich, ihre Väter sind aber beide aus Standesgründen gegen eine Verbindung. Der Sekretär von Ferdinands Vater, der selbst ein Auge auf Luise geworfen hat, spinnt eine Intrige: Luises Eltern werden willkürlich verhaftet; für ihre Freilassung muss die Tochter einen diktierten Brief an einen fingierten Liebhaber schreiben, der Ferdinand zugespielt wird.

Aufgabe

In ihrer Verzweiflung beschließt Luise, sich das Leben zu nehmen.
Verfassen Sie ihre Abschiedsbriefe an Ferdinand und an die Eltern.

Hinweis zur Aufgabenstellung

Beachten Sie: Luise schreibt die Briefe in großer Erregung, deshalb kommt es nicht in erster Linie auf eine systematische Gliederung an. Sie schreibt sie aber als eine Art Vermächtnis, das heißt, sie wägt ihre Aussagen und ihre Worte genau ab. Für ihren Geliebten muss sie andere Formulierungen treffen als für ihre Eltern.

Lösungsvorschlag

Vorüberlegungen

Was schreibt Luise?

	an Ferdinand	an die Eltern
Anrede		
Erklärung/Rechtfertigung	Aussichtslosigkeit der Liebesbeziehung …	Wissen um Sünde Scham …
Dank/Bitte		Vergebung Beten
Schlussformel		

Auszüge aus einer Schülerarbeit

1 Mein einzig geliebter Ferdinand!
Deine Luise hatte nur noch ein Lebensziel: Sie wollte an deiner Seite sein, dir ganz angehören. Das Schicksal will es anders, die Mächtigen sind gegen mich, sie untersagen mir meine Liebe. Ohne diese Liebe kann ich auf dieser Welt nicht länger leben. Sie reicht aber über den Tod hinaus, den ich jetzt wähle. Er kann nicht schlimmer sein als ein Leben ohne dich. An meiner Treue darfst du nicht zweifeln; was ich getan habe, habe ich aus Sorge um das Leben meiner Eltern getan. (...)
Mein Geliebter, ich nehme Abschied von dieser Welt in dem Bewusstsein, durch dich das höchste Glück erfahren zu haben, das für mich erreichbar war. Ich sterbe im Vertrauen darauf, dass ich in der anderen, der besseren Welt auf ewig mit dir vereint werde.
Lebe wohl! Deine Luise

2 Meine lieben, guten Eltern!
Ich verdanke euch mein Leben, das ich nun selbst beendet habe, ich verdanke euch eine sorgenfreie Kindheit. Ich wollte immer, dass ihr auf eure Tochter stolz sein könnt. Ich liebe euch beide und habe für diese Tochterliebe meine Liebe zu Ferdinand geopfert, die immer ehrlich und aufrichtig erwidert worden ist. Mein Handeln war notwendig, aber abscheulich. Die Folgen kann ich nicht ertragen, ich habe mein Lebensglück verwirkt. (...)
Ich weiß, dass ich euch schweres Leid zufüge, dass ich gegen die Gebote der Kirche verstoße und deshalb große Schuld auf mich lade. Ich bitte euch, mir diese Sünde zu verzeihen und für mich zu beten, dass auch Gott mir verzeiht.
Denkt in Liebe an eure Tochter Luise

Anmerkung

In den Textauszügen ist Wesentliches erfasst. Sie können den Aufsatz ergänzen und sprachlich verändern.

5_Texterörterung

WISSEN

Erörtern bedeutet, sich mit einem Sachverhalt, einer Frage oder einer Meinung auseinanderzusetzen. Der eigene Standpunkt muss begründet, das heißt, mit Argumenten und Beispielen gestützt werden; andere Positionen sind dabei zu berücksichtigen und kritisch zu bewerten. Die Texterörterung nimmt kritisch Stellung zu Form und Aussage – Textanalyse ist also auch hier Voraussetzung.
Eine Erörterung kann grundsätzlich steigernd (= linear) oder dialektisch (= Pro und Contra) angelegt werden. Die Entscheidung hängt von der Aufgabenstellung ab: Sollen Gründe für einen Sachverhalt dargelegt oder kontroverse Meinungen gegeneinander abgewogen werden?
Gliederungsmöglichkeiten für eine Erörterung finden Sie auf der CD-ROM.
(→ CD, Datei Eroerterung.pdf)

5.1 Sprache und Stil

M 1 Hans Joachim Schädlich Am frühen Abend (1985)

Am frühen Abend des achtundzwanzigsten Februar betrat der junge Handlungsreisende Saller die kleine Halle des Bahnhofs von Schwäbisch-Hall, einem Ort in der Nähe Stuttgarts. Die Luft ist um diese Zeit kalt, sodass Saller die Helle und Wärme der kleinen Halle willkommen war. Er sah, dass auf dem steinernen Fußboden vor dem Ofen ein Mann lag. Saller gab sich den Anschein, als achte er nicht auf den Schlafenden. Er betrachtete den Fahrplan, suchte die Abfahrtszeit des Zuges, mit welchem er in das nahe Stuttgart fahren wollte, sah auf die Uhr über der Tür und warf einen schnellen Blick auf den Mann. Saller bemerkte, dass der Mann sich den Anschein gab, als bemerkte er Saller nicht.

Saller setzte sich. Zu seiner Linken hatte er den halbwachen Mann im Auge.

Bis zur Einfahrt seines Zuges waren es noch sieben, bis zur Abfahrt acht Minuten. Saller rechnete zwei Minuten für den Weg zum Bahnsteig. Sechs Minuten kann ich ausruhen, sagte er.

Der Mann sagte nichts.

Saller sah das strähnige, wirre Haar des Mannes, die schmutzigbraune Haut des Gesichts, den schütteren Vollbart, die fleckige Joppe, deren Knöpfe fehlten, die schmutzig-schwarzbraune Haut der Hände, die schmierige Hose, die nassen Halbschuhe.

Saller sagte auf gut Glück, Es ist zu kalt auf dem Steinfußboden.

Der Mann öffnete die Augen, sagte, Ich wollte am Ofen stehen, aber die Beine, die verdammten, tragen mich nicht mehr. Ich bin zusammengesackt. Ich habe Beine, ganz kaputt. Wund. Die Wunden groß wie meine Hand.

Auf der Bank wäre es besser für Sie, sagte Saller und zeigte auf den Platz neben sich.

Aber wie hinkommen, sagte der Mann.

Ich könnte Ihnen helfen, sagte Saller.

Aber Sie können mich nicht tragen, sagte der Mann.

Nein, sagte Saller.

Ich hab mir was gebettelt in Schwäbisch-Hall, sagte der Mann. Aber nicht viel. Leute, fromm und geizig.

Wo wollen Sie hin, sagte Saller.

Wo will ich hin, sagte der Mann. Wohin soll ich wollen. Ich bin hier.

Hier können Sie nicht bleiben, sagte Saller.

Wie soll ich weg? Allein schaff ich es nicht. Mir hilft kein Gott und kein Bulle. Und wenn ich dreimal schrei, Herzlieber Jesu mein.

Sie brauchen einen Arzt, sagte Saller.

Du redest, wie du's verstehst. Wie klein Moritz, sagte der Mann. Bezahlst du den Arzt?

Nein, sagte Saller. Einen Notarzt.

Hatte ich schon, sagte der Mann. Hat leise zu mir gesagt, Dreckskerl elender.

Sie müssen in ein Krankenhaus, sagte Saller.

Und wo?, sagte der Mann.

In Stuttgart, sagte Saller.

Bravo!, sagte der Mann. Darauf noch'n Asbach uralt. Ich schaff's nicht bis zu deiner Bank, der Doktor fasst mich nicht an, die Bullen rollen mich aus'm Bahnhof und der liebe Gott selig pfeift auf mich. Nee, Märchen glaube ich nur noch meine eigenen.

Saller schwieg.

Der Zug nach Stuttgart fuhr ein, Saller stand auf, sagte, Auf Wiedersehen! und ging auf den Bahnsteig.

Der Mann sagte, Er hilft mir auch nicht.

---

in: H. J. Schädlich: Ostwestberlin. Rohwolt, Reinbek bei Hamburg, 1987, Seiten 72–74.

Aufgaben

1. *Beschreiben Sie kurz, wie das Geschehen und das Verhalten der Personen dargestellt werden.*

2. *Erörtern Sie, wie der Autor durch Inhalt und sprachliche Gestaltung seine Aussageabsicht erkennen lässt.*

3. *Nehmen Sie Stellung zu dieser „Botschaft" des Textes.*

Lösungsansatz

Aufgabe 1

- genaue Angaben zu Zeit und Ort: realistisch, nachvollziehbar
- zwei Personen begegnen sich zufällig in einer Bahnhofshalle: alltäglich, übertragbar
- zunächst versuchen beide, den anderen nicht zu beachten
- es kommt zu einem Gespräch, das aber unbefriedigend endet; Annäherung ist nicht möglich: Erwartung des Lesers wird nicht erfüllt
- der Erfolgreiche will sich nicht wirklich um den Hilfsbedürftigen kümmern: Vorwurf?
- Erzählzeit und erzählte Zeit decken sich: verzögertes Lesen

Aufgabe 2

- Der Erzähler führt den Leser scheinbar unbeteiligt und ohne Kommentar. Er informiert über die äußeren Gegebenheiten, gibt den Dialog in wörtlicher Rede wieder, allerdings ohne die üblichen Anführungszeichen; Redewechsel werden stereotyp mit „sagte" signalisiert.
- Kontraste bestimmen die Wirkung des Textes:
  Situation: Der Handlungsreisende hat ein Ziel vor sich, genießt „Helle und Wärme" ↔ der Mann liegt auf dem kalten Boden, hat keine Zukunftsperspektive.
  Aufbau: konventionelle Einleitung (Wann? Wo? Wer? Was?) ↔ offener Schluss

Personen: junger, sauberer, vermutlich erfolgreicher, geschulter Geschäftsmann, namentlich vorgestellt ↔ namenloser alter Mann, schmutzig, entkräftet, hilflos
Dialog: Saller eröffnet das Gespräch, sagt dann etwas „auf gut Glück", das heißt, ohne nachzudenken, gibt Allgemeinplätze von sich ↔ der Mann schildert seine Lage ehrlich, ohne Beschönigung, er hat die Phrasen als solche erkannt ↔ darauf weiß Saller nichts zu sagen, er schweigt.
Sprache: Saller drückt sich korrekt und unverbindlich aus („Es ist zu kalt"; „Hier können Sie nicht bleiben"; „Sie brauchen einen Arzt"). Auffällig ist die wiederholte Verwendung des Konjunktivs („auf der Bank wäre es besser"; „ich könnte Ihnen helfen"). ↔ Der Mann spricht so, wie man es von einem „Penner" erwartet (Wortwahl: „verdammt", „kaputt", „Bulle"; Satzbau: „Die Wunden groß"; „Aber wie hinkommen"; „Hatte ich schon"). Als er erkennt, dass Saller nur so dahinredet, spricht er ihn mit „du" an. Seine Aussagen über Notarzt, Krankenhaus, Polizei und Gott sind sarkastisch.

Ergebnis: Eine realistische, alltägliche Situation wird kommentarlos erzählt. Die kontrastive Darstellung der Personen lässt keine Identifizierung des Lesers mit dem heruntergekommenen alten Mann zu. Sie provoziert ein kritisches Nachdenken über das Verhalten des gut situierten, selbstsicheren jungen Handlungsreisenden. Durch das unbefriedigende Ende wird wohl klar, dass er sich nach Meinung des Autors falsch verhalten hat, weil er nicht gehandelt hat.

Aufgabe 3

Die Lösung dieser Aufgabe müsste entweder eine Rechtfertigung von Sallers Verhalten beinhalten (er hat wenig Zeit, versucht trotzdem ein Gespräch und seine Hilfe anzubieten) oder sein Verhalten kritisieren und Alternativen aufzeigen (einen späteren Zug nehmen, eine Hilfsorganisation alarmieren, eine wärmende Unterlage besorgen ...).
Ihre eigene Argumentation muss über die geschilderte Situation hinausgreifen.
Folgende Ausgangsthesen wären denkbar:

- Für den Schutz und die Versorgung aller Bürger ist allein der Staat verantwortlich.
- Jeder Einzelne ist für seine Mitbürger verantwortlich.

Anmerkung

Wählen Sie für Ihre Argumentation konkrete Beispiele, z. B.

- Jugendliche haben einen Rollstuhlfahrer umgeworfen
- Vor der Haustüre liegt ein Betrunkener

5.2 Rhetorische Mittel

M1 Karl Carstens Zum 150. Todestag Goethes

Bundespräsident Karl Carstens sprach zum 150. Todestag Goethes am 22. März 1982 in einem Bonner Gymnasium.

Herr Oberbürgermeister, Herr Bundesminister, meine Herren Botschafter, liebe Schülerinnen und Schüler!

Als Goethe heute vor 150 Jahren starb, hielt die Welt den Atem an. Es war ein Engländer, Thomas Carlyle, der in seinem Nachruf schrieb: „So ist denn unser Größter von uns gegangen." Er sagte „unser" Größter – denn Goethe war schon zu Lebzeiten Besitz der ganzen Menschheit. [...]

Und so erinnern auch wir uns denn am 150. Todestag unseres größten Dichters, die Nation erinnert sich eines ihrer größten Söhne!

Die Art, wie wir Goethe gedenken, kann aber nicht oder doch nicht hauptsächlich im Sinne des Vorzeigens, des Besitzergreifens, der bloßen Traditionspflege, des Einverleibens in einen Kanon nationaler Heiligtümer vor sich gehen. Ein solcher Goethe wäre uns nichts nütze, wir würden einen Toten feiern.

Wir haben nur dann ein wirkliches Recht, uns seiner zu rühmen, wenn etwas von ihm bei uns wirksam geblieben ist, oder wenn dieser Tag mit seiner Besinnung auf Goethe wenigstens etwas zum Leben erweckt.

Und so wollen wir nach dem fragen, was Goethe unserem Volk und der Menschheit so liebens- und verehrenswert machte, und was er heute bedeuten kann. Wir wollen, kurz nur, von seiner Dichtung sprechen und dann davon, wie der Mensch Goethe Leben und Dasein begriff. [...]

Er möchte uns anhalten, uns mit Tapferkeit unseren Aufgaben zu widmen und, wenn nötig, auch Entsagung zu üben. Er lehrt uns den Mut zum Leben und seine freudige Bejahung. Die Stimme Goethes redet mit großer Milde, Nachsicht und Liebe auch heute noch, 150 Jahre nachdem sie erloschen, zu uns. Es ist eine Stimme der Ermutigung, des Zuspruchs und der Aufforderung, uns zu betätigen, zu läutern und zu freuen – zu freuen an der Natur, an der Welt und an all dem Großen und Schönen. Was sie birgt und an dem wir teilhaben können. [...]

Der Umgang mit Goethe lässt uns erkennen, welche Möglichkeiten im Deutschsein liegen. Und woher, wenn nicht aus den Werken unserer großen Dichter, wollten wir wissen, was deutsch ist und woran wir uns halten, worauf wir auch als Deutsche stolz sein können? Weil Goethe – ich wiederhole es – als Mensch zu den Größten gehörte, die unser Land hervorgebracht hat, steht er vor uns mit seinem Leben, seinem Werk und seinem Rat als einer, der uns zur Bestimmung unseres eigenen Standorts verhelfen, der uns helfen kann, uns selbst zu finden.

In: Das Parlament. Nr. 13; Politische Wochenzeitung; 3.4.1982, Seite 14 ff.

M2 Hans-Joachim Hoffmann Werk und Vermächtnis Goethes

Aus Anlass des 150. Todestages von J. W. von Goethe hielt der Minister für Kultur der DDR eine Rede beim Festakt der SED im Deutschen Nationaltheater in Weimar.

Einhundertfünfzig Jahre sind vergangen, seit Johann Wolfgang von Goethe, eine der großen Gestalten der Geschichte des Geisteslebens, der Wissenschaft und Kultur, gestorben ist. Wir denken an ihn mit Liebe und Verehrung. Sein Genius wirkt fort in unserem Leben und wird auch künftigen Generationen Anregung, Wissen und geistiges Vergnügen vermitteln. Je stärker und vielfältiger sich die entwickelte sozialistische Gesellschaft ausbildet, desto dringender bedarf sie der großen Erfahrungen der vergangenen Epochen und der kritischen Aneignung des gesamten historischen Erbes, besonders auch der überlieferten gewaltigen geistig-kulturellen Schätze. Den Traditionen der revolutionären Arbeiterbewegung getreu haben wir uns in der Deutschen Demokratischen Republik stets bemüht, das Vermächtnis der großen Persönlichkeiten des deutschen Volkes mit dem gesellschaftlichen Leben unserer Zeit zu verbinden. Wir strebten stets danach, das Erbe der Völker und unseres eigenen Volkes von Verfälschungen und Verunglimpfungen zu befreien. Das war eine der grundlegenden Bedingungen, um im Bündnis mit der Sowjetunion und allen fortschrittlichen Kräften der Welt eine wahrhaft freie Gesellschaft zu errichten. Die Freiheit von Ausbeutung für die Arbeiterklasse, die Bauern und alle anderen Werktätigen brachte ihnen auch die Freiheit, ihre geistig-kulturellen Kräfte zu entfalten und sich alle Werte der Bildung und Kultur anzueignen.
Wenn wir dazu auffordern, Überkommenes in aller Breite und Tiefe produktkritisch zu sichten und zu nutzen, müssen wir auch werten und bewerten. Ohne genaue Kenntnis, Differenzierung ist das, was wir als Erbe nennen, nicht zu gewinnen. Gehen wir doch bei dem Begriff „Erbe“ nicht von einem abstrakten Ideal aus, sondern vor allem von dem, was bei verständnisvollem Anerkennen des historisch Bedingten uns geistig und kulturell zu bereichern vermag, deshalb vor allem, weil wir nicht nur Erben sind, sondern Menschen, die Neues hervorbringen, die das Erbe schöpferisch weiter entwickeln müssen, um den großen Aufgaben unserer Epoche gerecht zu werden. Die Kontinuität, mit der sich die deutsche revolutionäre Arbeiterbewegung der deutschen Klassik, vor allem Goethe und Schiller, seit jeher zugewandt hat, ist seit Anbeginn unserer staatlich-gesellschaftlichen Entwicklung in der Deutschen Demokratischen Republik Merkmal unserer sozialistischen Nationalkultur. [...]
Unter diesem Gesichtspunkt ist uns Goethe immer nahe gewesen in den Jahren unseres sozialistischen Aufbaus, ein guter Geist, der an der Entstehung eines neuen, sozialistischen Bewusstseins, das den künftigen Menschheitsaufgaben entspricht, seinen Anteil hatte.

Aus: Einheit. Zeitschrift für Theorie und Praxis der wissenschaftlichen Sozialismus 37,5. Berlin, 1982, Seite 520 ff.

Aufgaben

1. *Beschreiben und kommentieren Sie die unterschiedlichen Redeweisen.*
2. *Erörtern Sie, wie die Zuhörer einbezogen bzw. gesteuert werden.*
3. *Nehmen Sie kritisch Stellung zu Aussage und Sprache der beiden Texte; beachten Sie dabei die jeweilige (politische) Situation der Redner.*

Lösungsansatz

Verknüpfung der drei Aufgaben

Zum 150. Todestag von Johann Wolfgang von Goethe, dem „größten deutschen Dichter", wurden im geteilten Deutschland zahlreiche Festreden gehalten, unter anderem auch vom Bundespräsidenten der BRD und vom Kulturminister der DDR.
Beide Redner betonen, dass Goethe immer noch ein Vorbild sei, an dem sich die Nachkriegs-Deutschen orientieren könnten.
Karl Carstens spricht zu Gymnasiasten und einigen Politikern, Hans-Joachim Hoffmann vor Funktionären der SED. Die unterschiedliche Zuhörerschaft und die unterschiedlichen politischen Systeme bedingen unterschiedliche Intentionen und Redestrategien.

Carstens

- ... beginnt pathetisch, zitiert einen englischen Zeitgenossen Goethes. (Er interpretiert das Zitat falsch, denn Goethes Publikum war nicht „die ganze Menschheit", sondern die höhere Gesellschaft in Deutschland.)
- ... weckt Gemeinschaftsgefühl: Redner, Zuhörer, Nation, Menschheit (?) = WIR!
- ... will nicht den Dichter, sondern den Menschen Goethe in den Mittelpunkt stellen. (Die genannten Tugenden wie „Tapferkeit", „Entsagung", „Milde, Nachsicht und Liebe" sind häufig Thema in Goethes Dichtung, in seiner Biografie lassen sie sich jedoch kaum nachweisen.)
- ... betont, dass Goethes „Stimme" heute noch zu uns rede.
- ... behauptet, dass Goethe „Deutschsein" und Nationalstolz gezeigt habe und deshalb als Vorbild für die Jugend geeignet sei. (Was heißt „Deutschsein"? Goethe hat mehrfach gesagt, dass es keine deutsche Nation gebe, also auch keine deutschen Nationaldichter; seine „deutschen" Helden wie z. B. Werther und Faust scheitern unter anderem an der „deutschen" Gesellschaft.)

Fazit: Der Redner sucht Kontakt zu den Zuhörern, bindet sich mit ein, redet als verantwortlicher Politiker pathetisch und publikumswirksam (Phrasen, Klischees, Aufzählungen, Wiederholungen, veraltete Begriffe und Satzstrukturen). Einige Aussagen über Goethe sind unzutreffend; sie basieren nicht auf Sachkenntnis, sondern dienen politisch-ideologischen Zielen (Nationalstolz!).

Hoffmann

- ... beginnt sachlich, sagt nichts Neues (Phrasen, Wir-Gefühl)
- ... leitet über zu einer „politischen" Rede. (Im Vordergrund steht nicht mehr Goethe, sondern die Leistung der sozialistischen Gesellschaft.)
- ... setzt Goethes Ideale gleich mit der DDR-Ideologie. (Bezug zum Thema ist kaum erkennbar, nicht überzeugend; Begriffe wie „Ausbeutung", „Arbeiterklasse" „Werktätige" passen überhaupt nicht zu Goethe.)
- ... definiert den richtigen Umgang mit klassischem Erbe: Die DDR hat in ihrem „sozialistischen Bewusstsein" Goethe richtig verstanden. (vorgegebene, standardisierte Formulierungen, keine überzeugende persönliche Aussage)

Fazit: Der Redner spricht vor vertrautem Publikum, dessen Zustimmung ihm gewiss ist. Er verwendet vorgegebene Parolen. Seine Aussagen zu Goethe sind so banal, dass sich kein Widerspruch regen kann.
Er hält eine Rede, wie sie seine Partei von einem Kulturminister erwartet – das politische System und dessen Ideologie unterstützend, ohne Engagement, ohne fundierte Sachkenntnis und ohne rhetorische Besonderheiten. Die Reflexionen über Tradition und Adaptation klassischen Kulturguts sind nachvollziehbar, aber die Bezüge zwischen Goethe und der sozialistischen Arbeiterbewegung wirken plump konstruiert und sind nicht belegt.

5.3 Sachliche Bestandsaufnahme

M1 Florian Illies (geb. 1971) Generation Golf (2000)

Der Kauf bestimmter Kleidungsgegenstände ist, wie früher die Lektüre eines bestimmten Schriftstellers, eine Form der Weltanschauung geworden. In dem, was ich kaufe, drückt sich aus, was ich denke, beziehungsweise: In dem, was ich kaufe, drückt sich aus, was die Leute denken sollen, was ich kaufe. Deswegen ist es auch üblich, die schönen Joop!-Tüten noch wochenlang zum Transportieren von ausgeliehenen Büchern aus der Unibibliothek oder beim Umzug zu benützen, wenn möglichst viele Umzugshelfer sehen, welch Geistes Kind wir sind. Es ist wahnsinnig, aber wir glauben das wirklich: dass wir mit den richtigen Marken unsere Klasse demonstrieren. Wichtig ist, schon beim Einkaufen Coolness zu zeigen. Sehr dankbar waren wir über die Einführung der Kreditkarte, die uns ermöglichte, jederzeit mehr zu kaufen, als wir eigentlich bezahlen konnten. Dennoch zitierten wir im Geiste American Express, sagten: „Bezahlen wir einfach mit unserem guten Namen", und meinten es tatsächlich ein bisschen ernst. Auch sah ich viele junge Frauen in teuren Boutiquen ihre Plastikkarte auf den Tresen knallen, weil sie wussten, wie gut es aussieht, wenn die Frau in dem Werbespot die Visakarte aus ihrem schwarzen Badeanzug zieht, auf den Tisch knallt, und dazu spielt die Musik „Die Freiheit nehm' ich mir." Die Freiheit nehm' ich mir – das ist als Spruch für unsere Generation mindestens genauso wichtig wie das „Weil ich es mir wert bin", mit dem Oliver Bierhoff sein Shampoo anpreist. Hauptsache, so sagen diese Sprüche, mir geht es gut. Oder auch: Wenn jeder an sich denkt, ist an alle gedacht. Und wenn es mir schlecht geht, muss ich mir selber helfen, schließlich bildet inzwischen jeder, wie die *Brigitte* schrieb, eine Ich-AG. [...]

Wir alle glauben, dass kein anderer uns je wirklich verstehen kann. Und wir uns deshalb umso mehr um unser eigenes Seelenheil kümmern müssen. Um die Minenopfer in der Dritten Welt kümmerte sich ja Lady Diana, und die Obdachlosen versorgt die Caritas. Die AG Hochschulforschung nennt es dann so: „Westdeutsche Studierende sind gegenüber sozialer Ungerechtigkeit unsensibler geworden. Konkurrenz ist ihnen wichtiger, Solidarität nahezu ein Fremdwort geworden."

Zwar ist auch die Toleranz ein Wert, den wir hochschätzen. Schließlich haben wir seit unserer frühesten Jugend auf den Plakaten für United Colors of Benetton gelernt, dass Schwarze und Chinesen auch nette Menschen sind. Das Problem ist nur, dass wir seitdem auch glauben, dass Schwarze und Chinesen nur dann nett sind, wenn sie Benetton Klamotten tragen. Ansonsten sind sie uns leider egal. Die Toleranz unserer Generation grenzt deshalb oft an Ignoranz. Man akzeptiert etwas nicht, weil man noch Sprüche von Rosa Luxemburg kennt, wonach Freiheit immer auch die Freiheit des Andersdenkenden ist. Man hat vielmehr soviel mit sich selbst zu tun, dass man keine Energie darauf verschwenden möchte, sich über den Lebenswandel anderer Leute zu empören. Und bevor die Empörung kommen könnte, haben wir immer noch die weiten Arme der Ironie. Wenn man alles in Gänsefüßchen denkt, ist alles akzeptabel. So wird dann Verona Feldbusch zum Kult, gerade weil sie nicht moderieren kann, und wird dann Guildo Horn Sieger des deutschen Grand Prix d'Eurovision, gerade weil er so albern aussieht. Zu lange haben wir erlebt, dass die Älteren irgendwelche Personen oder Meinungen aus bestimmten Gründen ablehnten. Deshalb bilden wir uns nun sehr viel ein auf unsere Geisteshaltung, Personen oder Meinungen ohne irgendwelche Gründe gut zu finden. Ernst nimmt man sie deshalb noch lange nicht. Ernst nehmen wir nur Menschen, die gut angezogen sind oder so schlau sind, dass es nichts macht, wenn sie graue Flanellhosen zu gelben Hemden tragen. Aber solche Menschen, so glauben wir bis heute, wohnen immer noch in riesigen gläsernen Kugeln, und wenn sie etwas in ihr Mikrofon sagen wollen, müssen sie erst den riesigen roten Knopf drücken. So jedenfalls hatten wir das beim *Großen Preis* gelernt.

Florian Illies: Generation Golf. Argon, Berlin, 2000, Seite 193 ff.

Aufgaben

1. *Welche Verhaltens- und Denkweisen der „Generation Golf" werden beschrieben?*
2. *Erörtern Sie, ob und wodurch der Verfasser seine eigene Position erkennen lässt.*
3. *Stellen Sie diesem „Statement" eine Beschreibung Ihrer eigenen Generation gegenüber.*

Lösungsansatz

Aufgabe 1

Der Titel des 2000 erschienenen Sachbuchs bezieht sich offensichtlich nicht auf den Trend-Sport der etablierten Gesellschaft, das heißt, der vorwiegend älteren Generation, sondern auf das Trend-Auto der gut situierten Jüngeren. Deren typische Verhaltensmuster werden vom Autor exemplarisch aufgelistet:

- Man kauft in ganz bestimmten Läden ganz bestimmte Kleidungsstücke.
- Man lässt sich von Werbung beeinflussen.
- Man orientiert sich am Auftreten von Fernsehstars.
- Man glaubt, Ansehen zu gewinnen durch vorzeigbare Konsumgüter.
- Man lebt egoistisch, engagiert sich weder politisch noch sozial.
- ...

Aufabe 2

- Der Verfasser gehört selbst zur „Generation Golf" und bekennt sich auch dazu: Er ist knapp 20 Jahre alt, verwendet immer wieder die Pronomen „wir" und „unser".
- Ironie ist durchaus spürbar, wird auch thematisiert; einige Beispiele reizen zum distanzierten Lächeln (Kreditkarte im Badeanzug, Joop-Tüten zum Bücher-Transport, Ich-AG, Schwarze und Chinesen ...).
- Es erfolgt aber keine Bewertung oder gar Verurteilung der dargestellten Phänomene, insbesondere wird die apolitische, egozentrische Haltung der „Generation Golf" nicht ernsthaft hinterfragt.
- Kritik ist dennoch zu erkennen in Formulierungen wie „leider egal", „Ignoranz", „bilden wir uns sehr viel ein" ... Da sich der Verfasser mit einbezieht, kann diese angedeutete Kritik auch als Selbstvorwurf verstanden werden.

Aufgabe 3

Aus dem Paralleltext muss klar werden, ob bzw. wodurch die „neue" Generation sich von der „Generation Golf" unterscheidet. Wie das Original sollte er durchaus ironische Anmerkungen enthalten, aber auf direkte Kritik oder moralische Bewertung verzichten.
Gliederungspunkte könnten sein:

- Gemeinschaftsgefühl
- Mediennutzung
- Interesse an schulischem/beruflichem Erfolg
- Selbstverwirklichung
- ...
- Freizeitgestaltung
- Mode-Diktat
- Politisches und soziales Engagement
- Orientierung an Vorbildern

6_Problemerörterung im Anschluss an einen Text

WISSEN

Die wesentlichen Aussagen der Textvorlage müssen zusammenfassend und strukturiert wiedergegeben werden. Dabei sollten die Position und die Aussageabsicht des Autors klar werden. Der Text ist Grundlage und Ausgangspunkt für die Erörterung der darin enthaltenen Auffassungen, Meinungen und Urteile.
Ihre eigene Erörterung setzt sich mit den vorgegebenen Thesen auseinander. Aufbau und Schlussfolgerung hängen davon ab, ob Sie diesen Aussagen zustimmen, sie nur teilweise akzeptieren oder ablehnen. Die argumentative Entwicklung der im Text thematisierten Problemstellungen muss der Schwerpunkt der Arbeit sein.

6.1 Thema Gesellschaft

M1 Reinhard K. Sprenger Individualisierung (2000)

„Bei uns gibt es nur eine Regel, und das ist die Ausnahme." Floyd Williams hält seit zwölf Jahren dem Softwareunternehmen SAS Institute in North Carolina die Treue. Als hoch ausgebildeter IT-Fachmann ist er auf dem Arbeitsmarkt heftig umworben. „Warum soll ich wechseln? In vielen anderen Unternehmen bin ich nur eine Nummer." Floyd Williams' Aussage findet sich in der ersten Januar-Ausgabe von *Fortune*, die jedes Jahr die Ergebnisse einer groß angelegten Meinungsumfrage veröffentlicht: „The 100 Best Companies to Work for in America". Southwest Airlines, Deloitte & Touche, Goldman Sachs, Cisco, Merck oder Peoplesoft finden sich immer unter den ersten 20. Wichtiger noch als die Rangliste aber sind die Begründungen, warum die Menschen dort und nicht woanders arbeiten wollen. Am besten fasst den Meinungstrend ein Mitarbeiter von SAS zusammen: „Hier bin ich ein Individuum. Man geht auf meine persönlichen Wünsche ein."
In diesen Worten artikuliert sich ein Wandel, der sich seit einigen Jahren abzeichnet, aber sich erst jetzt, verschärft durch verschiedene Entwicklungen, Bahn bricht. Ein ***eigenes*** Leben zu führen – es gibt in der westlichen Welt wohl kaum einen höher gehandelten Wert. Was Menschen wirklich bewegt, was sie anstreben, wofür sie sich einsetzen, was für sie unverzichtbar ist – was immer das sein mag: Geld, Arbeit, Liebe, Macht – all das sind nur elementare Voraussetzungen für ein eigenes Leben. Traditionen, Vorbilder und Gebräuche haben ihre lebensprägende Wirkung verloren. Überlieferte Lebensrezepturen oder Rollenstereotype haben abgedankt. Zukunft wird nicht mehr aus Herkunft abgeleitet. Kein System vermeintlicher Wahrheit gilt mehr. Die Kinder der Freiheit haben die Frage nach dem Richtigen und Falschen selbst zu beantworten. Und immer wieder neu: Die Selbst-GmbH ist gegründet (es muss ja nicht gleich die Ich-AG sein). Man mag es bedauern oder begrüßen: Der Mensch, noch von Kafka auf seine Aktenlage reduziert, explodiert förmlich in seinen Ansprüchen, in seinem Erlebnishunger, in seiner Selbstdynamisierung. Dazu gehört die abnehmende Bereitschaft, sich anzupassen, nur auszuführen – von den einen als Egoismus-Epidemie gegeißelt, von den anderen als Emanzipation gefeiert.
Das hat historische Gründe: Nach dem Zweiten Weltkrieg lassen sich in Westeuropa mehrere *Individualisierungswellen* nachzeichnen, die von der Soziologie sauber vermessen wurden. Zwar war die Selbstautomatisierung des Individuums für die europäische Moderne von Anfang an kennzeichnend. Aber wir leben nun unter den Voraussetzungen verinnerlichter Demokratie. Die Menschen sind mit großen Freiräumen aufgewachsen, sind im Vergleich zu früher hervorragend ausgebildet. Eine Person zu sein, bedeutet, eine *autonome Quelle des*

Handelns zu sein. Wenn alle Gewissheiten zerbrechen, wenn auch die Garantiefunktionen der Institutionen in Zweifel gezogen werden, dann ist die Person auf sich selbst angewiesen. Sie gilt es zu retten. Man muss sie stärken, denn nur sie kann sich in Unsicherheit und Wechselfällen behaupten.

In: Reinhard K. Sprenger: Aufstand des Individuums. Warum wir Führung komplett neu denken müssen. Campus Verlag, Frankfurt/New York, 2000, Seite 36 f.

Aufgaben

1. *Fassen Sie die Aussagen des Textes zusammen und skizzieren Sie die Position des Autors*
2. *Erörtern Sie die Konsequenzen der „Individualisierung" aus Ihrer Sicht.*

Lösungsvorschlag

Textbeschreibung

Der vorliegende Textauszug ist klar gegliedert.

- (Z. 1–11): **Konkretes Beispiel:** Die Wahrung und Förderung der Individualität sind entscheidend für die Lebensqualität.
- (Z. 12–26): **Transfer:** Wichtigstes Ziel für den Einzelnen in der modernen westlichen (!) Gesellschaft ist „ein eigenes Leben". Überlieferte Werte und Traditionen haben ihre Bedeutung verloren.
- (Z. 27–32): **Sachliche Begründung:** Die Nachkriegsgeneration ist gut ausgebildet und freizügig erzogen. Das ermöglicht Selbstbewusstsein und Eigenständigkeit.

Position des Autors

Beim ersten Lesen entsteht der Eindruck, dass sich der Autor mit seiner eigenen Meinung zurückhält: Er zitiert gegensätzliche Positionen („Man mag es bedauern oder begrüßen"; „von den einen als Egoismus-Epidemie gegeißelt, von den anderen als Emanzipation gefeiert") und er führt sachliche Gründe für den Trend zur „Individualisierung" an. An einigen Formulierungen lässt sich aber doch seine Skepsis gegenüber dieser Entwicklung erkennen („haben abgedankt", „explodiert förmlich", „Erlebnishunger", „Selbstdynamisierung", „alte Gewissheiten zerbrechen" ...). Dass sich der Einzelne als Person ohne „Lebensrezepturen" behaupten muss, erscheint am Ende als Forderung; ob es ihm aber gelingt, bleibt doch eher eine offene Frage.

Erörterung

Um Ihre eigene Meinung überzeugend dazulegen und zu begründen, gehen Sie am besten (wie die Textvorlage) von einem konkreten Fall, z. B. der Aussage einer Schülerin oder eines Schülers, aus: Sie streben eine berufliche Karriere an und wollen sich dafür die besten Voraussetzungen schaffen. Deshalb kämpfen sie ehrgeizig um gute Schulnoten; Isolation von ihren Mitschülern, Ausgeschlossensein von Festen nehmen sie dafür gern in Kauf.
Mögliche **Leitfragen** dazu:

- Was gewinnen sie dabei, was entgeht ihnen? (= persönlicher Aspekt)
- Wie kann sich eine Gesellschaft entwickeln, die hauptsächlich aus „Egoisten" oder „Emanzipierten" besteht? (= sozialer Aspekt)
- Ist „Individualisierung" die Voraussetzung für einzigartige, zukunftsbestimmende Leistungen? (= historischer Aspekt).

Die Antworten auf diese Leitfragen können überleiten zu der grundsätzlichen Frage, ob Individualismus tatsächlich ein **allgemeiner** Trend ist. Danach ist dieser Trend abschließend differenziert zu bewerten.

6.2 Thema Medien

M1 Joseph Weizenbaum Mit Computern erziehen wir die Kinder zu fantasielosen Befehlsempfängern (2000)

Dies ist die richtige Zeit, darüber zu spekulieren, was uns das neue Jahrhundert bringen wird. Projiziere ich in die Zukunft, was bereits jetzt zu beobachten ist, so sehe ich, dass der größere Teil der Massen in den sogenannten fortschrittlichen Ländern in zunehmendem Maße seinen Arbeitstag damit verbringen wird, den Befehlen der Maschine Folge zu leisten, während er für den Rest der Zeit am Busen der großen Bestie Unterhaltung saugt.

Das ist eine fürchterliche Vision, und sie lässt die drängende Frage aufkommen, ob Eltern ihre Kinder wirklich dazu erziehen wollen, als Erwachsene so zu leben. Denn genau das wird geschehen, wenn Eltern ihre Kinder zu früh dem Computerunterricht an der Schule aussetzen. Es steht außer Frage, dass der Computer kreativ genutzt werden kann. Er ist ein Instrument mit größerem Potential, als es die Bühne je für den Dramatiker war. Der menschlichen Vorstellungskraft eröffnet sich eine nie dagewesene Freiheit.

Doch die oberflächliche Kenntnis, wie ein Computer zu bedienen ist, verlangt vom Benutzer, dass er oder sie lernt, blind oder sogar geistlos den Befehlen zu folgen, welche die Maschine diktiert. Genau wie die Mathematik, die Mutter aller Wissenschaften, eine wachsende intellektuelle und emotionale Reife verlangt, wenn sie nicht nur auf der trivialsten Ebene gemeistert werden soll, so erfordert dieses wunderbare Instrument, der Computer, nicht allein eine lebhafte Intelligenz, sondern eine ebensolche Vorstellungskraft, wenn es auf eine Art und Weise genutzt werden soll, die sich nicht darin erschöpft, seine Befehle zu befolgen. Der Geist gesunder Kinder ist voll von herrlicher, kreativer Fantasie. ***Die*** muss gefördert werden. Das noch unreife Kind dazu zu erziehen, bedingungslos abstrakten Regeln zu gehorchen, deren Autorität nur darin begründet ist, dass sie in meist unverständlichen Handbüchern niedergeschrieben sind, bedeutet, diese Vorstellungskraft zu zerstören und die Kreativität in einen Käfig zu sperren. Ein so gedrilltes Kind wird nur zu einem Übersetzer der Gedanken anderer Leute heranwachsen, aber selbst nichts zu sagen haben. Es ist ein Angriff auf den Geist des Kindes zur denkbar ungünstigsten Zeit in seinem Leben, ein Angriff, der seinen fantasievollen Geist zur Rigidität verdammt.

Natürlich sind Eltern besorgt, ihre Kinder könnten das Rennen um gute Jobs oder um Arbeit überhaupt verlieren, wenn sie sich ohne Erfahrung mit Computern auf den Arbeitsmarkt begeben. In Wahrheit können alle Computerkenntnisse, die in Berufen außerhalb der Wissenschaft und des Ingenieurwesens gebraucht werden, innerhalb weniger Monate, beispielsweise in den Schulferien, von jedem erworben werden, der, sagen wir, älter als 16 ist. Außerdem sind für die meisten Jobs, in denen Computer benutzt werden, überhaupt keine Computerkenntnisse im engeren Sinne nötig. Die Person, die am Computerarbeitsplatz oder an der Registrierkasse sitzt, muss lediglich imstande sein, deutlich markierte Felder auf dem Bildschirm auszufüllen. Nicht einmal der Pilot eines sehr großen Flugzeugs muss etwas von Computern verstehen, um den Autopiloten dieses Flugzeugs zu „programmieren“.

Noch wichtiger: Die Entscheidung, heute etwas Neues in den Schultag zu integrieren, seien es Computer oder was auch immer, erfordert eine Neubewertung der von der Schule gesetzten Prioritäten. Soll der Sprach- oder Geschichtsunterricht gekürzt werden, um Zeit für Computerstunden herauszuholen? Werden deutsche Schulen heute ihrer erzieherischen Verantwortung vollständig gerecht? Unterrichten sie Kinder darin, sich selbst in Sprache und Schrift auszudrücken? Und: Sind die primitiven Trivialitäten, die dann in den unteren Klassen als Computerunterricht eingeführt werden, mehr wert als die Lehrer, die entlassen werden müssen, um die Anschaffung und Wartung der Computer zu finanzieren?

Joseph Weizenbaum: Mit Computern erziehen wir die Kinder zu fantasielosen Befehlsempfängern. In: ZEIT Punkte, Das Magazin zu Themen der Zeit, Nr. 1/2000, Seite 15. Aus dem Amerikanischen übersetzt von Karen Schmidt.

6

Aufgaben

1. *Analysieren Sie den gedanklichen Aufbau des Textes.*
2. *Erläutern und kommentieren Sie die Argumentation. Bedenken Sie dabei das Erscheinungsjahr.*
3. *Erörtern Sie aus heutiger Sicht die Vor- und Nachteile des Computers in Kinder- und Klassenzimmern.*

Lösungsansatz

Einleitung

Joseph Weizenbaum hat die Jahrtausendwende zum Anlass genommen, den Ende des 20. Jahrhunderts alltäglich und selbstverständlich gewordenen Einsatz von Computern – schon im Kindesalter – kritisch zu reflektieren. Der Titel seines Artikels, in der 1. Ausgabe der „ZEIT Punkte" 2000 erschienen, ist als Aussagesatz formuliert: „Mit Computern erziehen wir die Kinder zu fantasielosen Befehlsempfängern" – eine Feststellung, die eine eindeutig negative Abhandlung über die Computernutzung erwarten lässt. Tatsächlich ist es für den Verfasser „eine fürchterliche Vision", dass Menschen vom Computer gesteuert werden, dass sie ihre Arbeitszeit als Befehlsempfänger einer Maschine und ihre Freizeit als Konsumenten von Unterhaltungsangeboten (aus einer Maschine!) verbringen.

Analyse

Seine Befürchtung, diese Vision könnte Wirklichkeit werden, begründet Joseph Weizenbaum mit sich abzeichnenden Entwicklungen und deren Folgen:

- Zu früher Computerunterricht führe zu oberflächlichen Kenntnissen, das Kind werde zum Befehlsempfänger einer Maschine, gehorche abstrakten Regeln.
- Wenn Computerunterricht die Schule beherrsche, gehe dies zu Lasten allgemeinbildender Fächer, Kinder würden nicht mehr erzogen, sondern gedrillt.

Beschreiben Sie die Struktur des Textes, das heißt, die Anordnung der Argumente und zitieren Sie auffällige Formulierungen!

Überleitung

Die „fürchterliche" Entwicklung wird nach Weizenbaums Meinung nicht stattfinden, wenn am Computer erst dann gearbeitet wird, wenn Fantasie und Kreativität gefördert und ausgebildet sind und eingebracht werden können – dann sei der Computer „ein wunderbares Instrument", das immer neue Vorstellungen eröffne.

Erörterung

Am besten von eigenen Erfahrungen ausgehen, konkrete Beispiele anführen; dann verallgemeinern, aber immer das eigentliche Thema im Auge behalten (Kinder)!
Mögliches Fazit: Bei verantwortungsvoller Anleitung können schon Kinder am Computer spielerisch lernen und selbstständig Prozesse einleiten.

Schluss

Weizenbaums Argumentation mutet heute schon antiquiert an. Schul- und Bildungspolitiker fordern, dass Kinder spätestens in der Grundschule mit dem Computer umgehen. Eltern und Lehrer sollten Weizenbaums Befürchtungen aber dennoch ernst nehmen: Sie müssen dafür sorgen, dass der Computer ihre Erziehungsarbeit nicht ersetzt, sondern unterstützt.

6.3 Thema Ethik / Philosophie

M1 Julian Baggini (geb. 1968) Der Sinn des Lebens

Der Glaube, anderen zu helfen sei der Lebenssinn, ist falsch. Wir müssen das Ziel des Altruismus – das Schicksal anderer zu verbessern – von seiner Praxis unterscheiden. Den Altruismus selbst als Sinn des menschlichen Daseins zu begreifen, bedeutet Mittel und Zweck zu verwechseln.

Dennoch ist was dran an dem Gefühl, anderen zu helfen könne zum Sinn des Lebens gehören, auch wenn der Altruismus wesentlich auf die Verbesserung des Lebens anderer abzielt.

Diese beiden Aspekte stehen nicht völlig unverbunden nebeneinander. Erlangt der Altruismus nicht gerade dadurch seinen Sinn, dass wir zu der Erkenntnis kommen, ein besseres Leben für andere sei etwas Gutes? Jemanden von Armut oder Hunger befreit und ihm zu einer „normalen" Existenz verholfen zu haben ist gut, weil ein solches Leben für sich gesehen gut ist. Das mag banal erscheinen, wenn man meint, der Lebenssinn sei irgendein hohes Ideal oder ein großes Mysterium, doch offenbar führen alle unsere Überlegungen immer wieder zu der Feststellung, dass der Sinn einfach darin liegt ein erfülltes Leben zu leben.

Zweitens hat das gute Gefühl, das die meisten von uns aus altruistischen Handlungen beziehen, offenbar etwas zu bedeuten. Menschen sind unterschiedlich, also möchte ich nicht pauschalieren, aber ich glaube, es hat mit unserem Wesen als soziale Geschöpfe zu tun. Für die meisten von uns wird das Dasein erfüllter, wenn wir uns nicht nur mit dem eigenen Geschick, sondern auch mit dem anderer beschäftigen. Wie Bertrand Russell es in seinem *Probleme der Philosophie* ausdrückt: Das Leben eines Menschen, der nur in seiner eigenen kleinen Welt gefangen ist, wirkt klaustrophobisch. Das Atmen fällt schwer, wenn der Horizont so begrenzt ist. Kleine Probleme werden aufgebauscht und überbewertet, wenn sie nicht im größeren Zusammenhang der Höhen und Tiefen des menschlichen Daseins gesehen werden. Die Sorge um andere ist ein Ausweg aus dieser beschränkten Sichtweise und bereichert unser eigenes Leben und das der Menschen, denen wir helfen.

(...)

Der Wert des Altruismus hat möglicherweise auch damit zu tun, dass man manche Opfer bringen muss, um ein sinnvolles Leben zu führen. Sein Grundprinzip besteht, wie wir bereits gesehen haben, darin, dass jede Form menschlichen Lebens gleichen Wert besitzt und es, wenn irgend möglich, erfüllt sein soll. Wer aufrichtig daran glaubt, kommt vermutlich zu dem Schluss, es lohne sich hin und wieder, seine eigenen Interessen hintan zu stellen, vielleicht sogar sein Leben zu opfern, um eine Welt zu ermöglichen, in der mehr Menschen die Chance auf ein würdiges Dasein haben. Obwohl es unlogisch wäre das eigene Leben als unwichtig anzusehen, dem anderer jedoch Bedeutung zuzumessen, ergibt es durchaus Sinn, die eigenen Interessen dem Wohl vieler anderer unterzuordnen. Sein Leben zu opfern, sodass viele andere die Chance auf ein erfülltes Dasein bekommen, kann lohnen, wenn man ein erfülltes Leben ohne Leid prinzipiell für ein wertvolles Gut hält, egal, ob es dabei um das eigene oder um das anderer geht.

Das ist durchaus eine Hervorhebung wert, denn die Behauptung, zu der wir immer wieder zurückkehren – nämlich dass das Leben per se lebenswert ist –, könnte fälschlicherweise als egoistisch oder oberflächlich interpretiert werden. Doch sie ist es nicht, weil nicht nur *mein* Leben lebenswert ist, sondern das menschliche Leben *überhaupt* (vielleicht sogar das der Tiere). Wer das akzeptiert, muss auch den Altruismus akzeptieren.

Folglich kann der Sinn des Lebens nicht allein darin bestehen anderen zu helfen. Doch diese Hilfe ist wesentlich damit verbunden, weil sie auf der Überzeugung beruht, dass das Leben per se ein wertvolles Gut ist. Trifft das für den Einzelnen zu, gilt es für alle, und so haben wir einen Grund anderen zu helfen. Somit ist Altruismus nicht die Quelle des Lebenssinns, sondern Teil eines sinnvollen Daseins. Wir dürfen nur nicht vergessen, dass wir anderen nicht allein um der Wohltätigkeit willen helfen, sondern um ihnen zu nutzen.

Julian Baggini: Der Sinn des Lebens. Philosophie im Alltag. Aus dem Englischen von Sonja Hauser. Piper, München/Zürich, 2005, Seite 78 ff.

Aufgaben

1. *Wie begründet der Verfasser seine Behauptung am Anfang des Textauszugs? Bewerten Sie die Schlüssigkeit seiner Argumente.*

2. *Erörtern Sie die These, dass Altruismus Teil eines sinnvollen Daseins sei, anhand eines konkreten Beispiels.*

Lösungsansatz

Tipps für die Ausarbeitung

1. Behauptung

Anderen zu helfen ist nicht der Lebenssinn.

2. Begründung

Ziel der Menschen ist es „ein erfülltes Leben zu leben"; anderen zu helfen ist nur ein Mittel zu diesem Zweck.

3. Argumentation

- Altruismus zielt vordergründig auf die Verbesserung des Lebens anderer.
- Praktizierter Altruismus vermittelt ein gutes Gefühl, verbessert also auch das eigene Leben.
- Altruismus verlangt Opfer, die nur unter bestimmten Umständen sinnvoll sind.
- Das Leben ist „per se" ein wertvolles Gut, das es zu schützen gilt – nicht nur das eigene, sondern das aller Menschen (oder Lebewesen).
- Hilfe für andere gibt dem eigenen Leben dann einen Sinn, wenn sie nicht nur Wohltätigkeit unter Beweis stellen will.

4. Bewertung

Der Gedankengang ist nachvollziehbar, die Folgerungen daraus leuchten ein. Auffällig bzw. störend sind die zahlreichen Wiederholungen.

Anmerkung

- *Hier können Sie zu einem ganz anderen Ergebnis kommen. Wenn Sie der Meinung sind, die Argumentation sei nicht schlüssig, müssen Sie dies an Beispielen aufzeigen.*
- *Gestützt wird die These, dass anderen zu helfen nicht „die Quelle des Lebenssinns" sei, von im Jahr 2006 veröffentlichten Forschungsergebnissen: In Experimenten wurde nachgewiesen, dass altruistisches Verhalten bereits bei kleinen Kindern und jungen Affen angelegt ist.*

5. Erörterung

Wählen Sie entweder ein Beispiel aus Ihrem persönlichen Umfeld (ehrenamtlicher Einsatz, sozialer Dienst ...) oder aus der Legende (Elisabeth von Thüringen ...) oder unter Prominenten aus neuerer Zeit (Mutter Teresa, Karlheinz Böhm ...). Verlieren Sie dabei das Thema nicht aus den Augen: Die Frage nach dem Sinn des Lebens.

6.4 Thema Heimat

M1 Hilde Domin Heimat (1975)

„Unverlierbares Exil, du trägst es bei dir, Wüste, einsteckbar“, habe ich irgendwann geschrieben, als ich schon wieder in Heidelberg ansässig war. Heimat, der Gegenpol zum Exil? Nein, das ist nicht richtig: Das Exil ist der Gegenpol, die Negation. Heimat wäre das Selbstverständliche, wenn sie selbstverständlich wäre. Es ist kein Zufall, dass ich, wenn ich von „Heimat“ reden soll, mit dem Exil beginne. Als sei es eine Ersatzheimat. Gerade ich. Und das tue ich nicht, weil Exil ein „erlaubtes“ Wort ist, ja geradezu ein Modewort, während Heimat mit Vorsicht ausgesprochen wird, fast ein tabuisiertes Wort. Jemand wie ich hält sich ohnehin nicht an derlei „Verbote“. Und schon gar nicht, was die Sache Heimat, und also auch das Wort Heimat angeht. „Etwas, was allen in die Kindheit scheint, und worin noch niemand war: Heimat“, sagt Bloch. Ebenso gut hätte er „Paradies“ sagen können. Er meint die Unvertreibbarkeit, die Geborgenheit von Anbeginn. Das Dazugehörendürfen, ***diesseits*** des Zweifels.

„Man kann sein Vaterland lieben und achtzig Jahre dabei werden und es nicht gewusst haben. Aber man muss dann auch zu Hause geblieben sein“, erklärt Heine. „Das Wesen des Frühlings erkennt man erst im Winter. Und so beginnt die deutsche Vaterlandsliebe erst an der deutschen Grenze.“

Hier sind schon Stichworte gefallen. Fast zu viele. Das erste – das, mit dem ich zu sprechen angefangen habe – war „unverlierbar“. Das Unverlierbare, das sich als so verlierbar erwiesen hat. Und von dem, seither, man schon weiß, dass es auf Widerruf ist. „Vaterland?“ Ich will lieber von Mutterland reden, dem Land meiner Herkunft, dem Land meiner Sprache.

„Vaterland“, sagte kürzlich ein berühmter Sprachwissenschaftler, „eine Übersetzung aus dem Lateinischen. Das Wort wird bei uns vielleicht in Vergessenheit geraten, es ist so diskreditiert.“ Mutterland: Das war früher die Metropole, von der Kolonie her gesehen. Daran denkt man schon nicht mehr, wenn man das Wort gebraucht. Ich nicht. Und ich habe es bei andern versucht, keiner dachte daran. Das Land der Geburt. Muttersprache. „Die Muttersprache ist die Sprache der Mutter, soweit die Mutter die Sprache des Ambientes spricht“, sagte der Linguist zu mir. Aber das tut sie ja normalerweise. Muttersprache ist die Sprache der Kindheit.

Für mich ist die Sprache das Unverlierbare, nachdem alles andere sich als verlierbar erwiesen hatte. Das letzte, unabnehmbare Zuhause. Nur das Aufhören der Person (der Gehirntod) kann sie mir wegnehmen. Also die deutsche Sprache. In den anderen Sprachen, die ich spreche, bin ich zu Gast. Gern und dankbar zu Gast. Die deutsche Sprache war der Halt, ihr verdanken wir, dass wir die Identität mit uns selbst bewahren konnten. Der Sprache wegen bin ich auch zurückgekommen.

Es war eine der Aufregungen des Lebens, wieder nach Hause zu kommen. In das Land der Geburt, wo die Menschen deutsch reden. Vielleicht, ja sicher war es noch aufregender als das Weggehen, damals. Dazwischen lag das Exil, das Nicht-Dazugehören, eine Erfahrung, die man erst stückweise vollzieht, man sieht sie nicht als Ganzes vor sich. Erst beim Gehen merkt man, wie vertrackt der neue Zustand ist, wie unheimlich.

Wenn ich die Fliehenden im Fernsehen sehe, alle, die auf den Treck gehen, alle, die sich noch an Flugzeuge hängen, um eine Station weiterzukommen, dann weiß ich schon, wie fragwürdig die Ankunft ist, dann brauche ich auf den nächsten Bericht, eine Woche, einen Monat später, gar nicht erst zu warten.

Ich habe sie ja selbst erlebt, die „permanente Flucht“. Und ich hatte das Glück, nicht eingeholt zu werden, als ich weit genug gelaufen war, ich durfte sogar zurückkommen, vom Rand der Welt. Nach Hause gehen.

„Sie reden von Heimat“, sagte damals Enzensberger, das war Anfang der fünfziger Jahre. „Dazu sind Sie über die Meere gefahren, um uns damit zu kommen. Alles doch nur eine Frage

der Kulisse."
Das schien ihm so, die Kulissen hatten sich ja auch für die Zuhausegebliebenen sehr verwandelt.
Zuhausesein, Hingehörendürfen, ist eben keine Frage der Kulisse. Oder auch des Wohlergehens. Es bedeutet, mitverantwortlich zu sein. Nicht nur Fremder sein. Sich einmischen können, nötigenfalls. Ein Mitspracherecht haben, das mitgeboren ist.
Dabei ist der Verlust der Zugehörigkeit eine Verwundung, die nie ganz vernarbt. „Das Zuhause hat einem nicht weh zu tun wie ein Hexenschuss oder ein hohler Zahn." Das tut es aber doch, bei jedem Anlass. Und diese Anlässe häufen sich in den letzten Jahren. Die exemplarische Vertreibung, exemplarisch wie die der Ureltern: Da lernt man alles, schlechthin alles, über das Menschsein und über das „Ein-flüchtiger-Gast-Sein". Das ist dann keine Metapher, wie man sie von der Kanzel hört.
Wie das Zuhause die Liebe, sobald man gelernt hat, dass sie vielleicht auf Widerruf ist. Die Liebe, fast so tabuisiert wie die Heimat. Wer „in" ist, spricht nur von Sex. Obwohl, das hat sich geändert. Liebe ist wieder gesellschaftsfähig geworden. Über Heimat wird schon diskutiert. (Sie hat unterdes das Odium des Militanten verloren, das die Bünde der Heimatvertriebenen ihr gegeben hatten.) Bisher wurde das allenfalls Menschen wie Bloch, wie Nelly Sachs, wie mir zugestanden. Jetzt ist es ein Thema geworden. Wir leben ja in einer Krise der Zugehörigkeiten. Auch in einer Sprach- und Sprechkrise. Der Kommunikationskrise, der Identitätskrise. In der Nicht-Heimat. Leichtfertig wird oft mit diesen Begriffen Ball gespielt. Wer das wirklich gelebt hat, wer traumatisiert ist, ist dagegen widerständig. Die Sprache, in der ich die Welt gewissenhaft benenne, gewissenhaft mitteilbar mache (und auch so mitteile, dass ich gehört werde), die kann nicht wegnehmbar sein, sie ist die äußerste Zuflucht. Dieses Zuhause verteidige ich bis zu meinem letzten Atemzug. Wie früher ein Bauer seine Scholle. Ich kann gar nicht anders.

Aus: Hilde Domin: Aber die Hoffnung. Autobiographisches aus und über Deutschland. Fischer Verlag, Frankfurt, 1993, Seiten 11–14.

6

M2 Johanna Romberg Wo Heimat liegt

Heimat ist, wie schon im 19. Jahrhundert, wieder zu einer Universalmedizin geworden, die gegen alle Unannehmlichkeiten der modernen Zeit helfen soll: gegen die allgemeine Beschleunigung des Lebens und ganz besonders natürlich gegen die Globalisierung in all ihren Erscheinungsformen.
Wie diese Medizin konkret anzuwenden und woran die Wirkung abzulesen ist – das ist den meisten modernen Heimat-Beschwörungen nicht zu entnehmen. Um das zu erkunden, bräuchte es eine neue Art von Heimat-Kunde: eine, die weniger den Gefühlswert des Wortes auslotet als vielmehr ihre realen Erscheinungsformen im Hier und Jetzt untersucht – so, wie es die moderne Kulturanthropologie und Ethnologie bereits seit den 1970er Jahren versucht.
Ist Heimat heute überhaupt noch an Orte gebunden? Und an welche? Schon auf diese Fagen erhält die moderne Heimatforschung zahlreiche, zum Teil weit auseinander liegende Antworten. In Großstädten, wie Berlin, wo jeder sechste Einwohner binnen Jahrefrist den Wohnort wechselt, sind es andere als etwa auf der Schwäbischen Alb, wo „Heimat" vielfach noch ihre ursprüngliche Bedeutung bewahrt hat: als Name für die über Generationen vererbte Hofstelle.
Insgesamt fällt den neuen Heimatforschern auf, dass die Deutschen dem allgemeinen Ruf nach Flexibilität und Mobilität eher ungern nachkommen. Nur eine Minderheit ist bereit, für einen Arbeitsplatz den Wohnort zu wechseln, und von denen, die von Berufs wegen mehr oder weniger unfreiwillig mobil sind, klagen viele über Stress und soziale Entfremdung.

Sesshaftigkeit kann heute jedoch viele Formen haben. Wer über Jahre am selben Ort lebt, muss dort noch lange nicht verwurzelt sein. Selbst auf dem Dorf kann man heute eine Existenz führen, die sich irgendwo zwischen Schützenverein, Internet-Buchladen und regelmäßigen E-Mail-Chats mit Studienfreunden aus Berlin oder Brüssel bewegt. Und wer Großstadtbewohner nach ihrem Heimatgefühl fragt, erfährt, dass Frankfurt, Köln oder Berlin häufig nur noch Knotenpunkte in transnationalen Vernetzungen sind, die sich nicht nur über mehrere Länder, sondern auch mehrere Kulturen erstrecken.

Kann man in mehr als einem Land zu Hause sein? Antworten auf diese Frage geben die Kinder von Einwanderern, die mittlerweile einen großen Teil der unter 25-Jährigen stellen und die aus eigener Erfahrung wissen, wie viele Strategien des Heimischwerdens es gibt zwischen bedingungsloser Assimilation und dauerhaftem Fremdbleiben. Von den Migranten, aber nicht nur von ihnen, lernen die Forscher auch, dass Globalisierung und Heimat keine unversöhnlichen Gegensätze sind.

Der Kleinbauer aus dem Alten Land, der sich mit französischen Gleichgesinnten für den Erhalt alter Obstsorten einsetzt, der Linguist, der ein Online-Lexikon für eine vom Aussterben bedrohte Sprache erstellt, der Gewerkschafter, der den Widerstand gegen die Abwanderung eines alteingesessenen Unternehmens organisiert – sie alle könnten darüber berichten, wie man moderne Kommunikationsformen und internationale Netzwerke nutzt, um lokale Interessen zu vertreten. Dass es oft erst die Bedrohung von außen ist, die ein Bewusstsein für die Besonderheit des Heimischen schafft. Dass aber Heimatgefühl nicht nur eine rückwärtsgewandte Sehnsucht ist, sondern mehr der Wunsch nach einer sicheren Existenz in der Gegenwart, einer vertrauten Umgebung und, nicht zuletzt, der Möglichkeit, diese in eigener Verantwortung zu gestalten.

[...]

Johanna Romberg: Wo Heimat liegt. In: GEO. Das neue Bild der Erde. 10/2005. Gruner und Jahr, Hamburg, Seite 118 f.

Aufgaben

1. *Fassen Sie die Aussagen der beiden Texte strukturiert zusammen. Wo sind Übereinstimmungen, wo Widersprüche?*

2. *Nehmen Sie Stellung zu den jeweils zitierten (oder persönlich vertretenen) Heimatbegriffen; berücksichtigen Sie bei Hilde Domin deren Biografie.*

3. *Erörtern Sie aus Ihrer Sicht, was Heimat bzw. Heimatverlust bedeuten kann.*

Anmerkung

Im Rahmen einer „normalen" Klausur können (wegen der Länge der Texte) nicht alle Teilaufgaben gelöst werden. Es handelt sich um ein Übungsangebot, das Sie auf mehrere Tage verteilen können.

Zusatzinformation

Hilde Domin (= Hilde Palm) wurde 1909 als Tochter eines jüdischen Rechtsanwalts in Köln geboren. Nach Studium und Promotion floh sie aus Deutschland, über Italien und England in die Dominikanische Republik, wo sie als Lehrerin und Übersetzerin arbeitete. Als Hommage an ihre neue „Heimat" wählte sie ihren neuen Nachnamen. Erst 1961 kehrte sie endgültig wieder nach Deutschland zurück. Sie starb am 22. Februar 2006 in Heidelberg.
Johanna Romberg lebt in Hamburg. Sie ist Autorin für die Zeitschrift GEO.

Lösungsansatz

Folgende Fragen sind (unter anderem) geeignet für einen inhaltlichen Vergleich der beiden Texte und für die eigene Stellungnahme:

- Aus welchen Gründen gilt oder galt Heimat als hoher Wert? (Stichworte: Heimatlied, Heimatmuseum, Heimatverein; Heimatlosigkeit)
- Wie ist Heimatverbundenheit vereinbar mit Mobilität und Globalisierung?
- Was bedeutet Heimatverlust für Flüchtlinge, Exilanten, Auswanderer ...?

Mögliche Antworten in Kurzform

- Heimat wird gleichgesetzt mit Vertrautheit, Verwurzelung in einer Landschaft und/oder einer menschlichen Gemeinschaft mit bestimmten Traditionen. Wo diese nicht mehr lebendig sind, werden sie konserviert im Liedgut, in Vereinen, in Museen.
- Wenn die Forderung nach Mobilität und Globalisierung Menschen zwingt, ihre Heimat zu verlassen, müssen sie sich einer fremden Kultur öffnen, sich integrieren. Das bedeutet aber nicht, dass sie ihre Heimatverbundenheit aufgeben müssen. Vielmehr haben sie die Chance, in der Fremde Interesse und Verständnis zu wecken für die Besonderheiten und die Reize ihres Herkunftslandes.
- Entscheidend ist die Frage, ob die Heimat freiwillig oder unter Zwang verlassen wird.
  Flüchtlinge wissen oft nicht, wo sie landen – sie wissen nur, dass sie nicht in ihrer Heimat bleiben, vielleicht nie zurückkehren können. Sie fühlen sich nach ihrer Flucht als Fremde, nicht geliebte Eindringlinge, schotten sich oft ab. Der endgültige Heimatverlust ist besonders schmerzhaft. **Exilanten** wählen das Land ihres Exils, in dem sie aber in der Regel nicht auf Dauer bleiben wollen. Den (zeitweiligen) Heimatverlust durchleben sie entweder resignativ oder kämpferisch. **Auswanderer** geben ihre alte Heimat auf, um sich in einer neuen zu bewähren. Materielle Not in der Familie kann der Grund dafür sein. Wenn aber der Entschluss freiwillig und überlegt erfolgt, werden Auswanderer nicht unter dem Heimatverlust leiden.

Trainingsvorschläge

Korrigieren und verbessern Sie die folgenden Sätze aus Schüleraufsätzen zu Hilde Domins Text.

- In Hilde Domins Text „Heimat" befasst sich die Autorin mit der Rolle von Heimat für Exilanten.
- Sie zeigt die Krisenproblematik im damaligen Deutschland.
- In ihren Händen wurde versucht, die deutsche Sprache zur Waffe zu machen.
- Sie vergleicht die Heimat mit der Liebe.
- Was einem zu definieren schwerfällt, spürt man als Gefühl sehr deutlich.
- Der Ort der Kindheit wird oft als Heimat angesehen, hier hat man einen großen Teil seines Lebens verbracht.
- Heimat ist aber auch die spezielle Natur, die Sehenswürdigkeiten und Gerüche.

7_Erörterung ohne Textvorlage

WISSEN

Die freie Erörterung (erörterndes Erschließen ohne Textvorlage) ist als Abituraufgabe in einigen Bundesländern nicht zulässig, in einigen anderen beschränkt sich die Themenwahl auf Literatur, Medien oder den Kulturbetrieb. Als Übung für schlüssiges Argumentieren ist sie dann empfehlenswert, wenn Sie zu dem Thema etwas zu sagen haben und sich nicht auf Allgemeinplätze beschränken müssen.
Diese Form der Erörterung zielt auf eine sorgfältige Klärung des Themas sowie die argumentative Entwicklung von Gedanken und Lösungsentwürfen. Sie verlangt selbstständiges methodisches Vorgehen und erfordert eine gegliederte, verständliche Darstellung, einen sachentsprechenden, klaren und präzisen Ausdruck sowie die Verwendung geeigneter sprachlicher Mittel.

7.1 Freie Erörterung

7.1.1 Thema Medien

M1 **Zitat**

„Unser Dasein inmitten einer von Medien in Wort, Bild und Ton reproduzierten Welt ist Leben aus zweiter Hand."

Aufgabe

Nehmen Sie Stellung zu dieser Aussage; stützen Sie Ihre Argumentation mit konkreten Beispielen.

Hinweis zur Aufgabenstellung

Erst nach Ihrer eigenen Ausarbeitung (oder zumindest Stoffsammlung und Gliederung) sollten Sie die Korrektur und Bewertung des folgenden Schüleraufsatzes vornehmen. Ausschlaggebend für die Benotung sind Inhalt und überzeugende Anordnung der Argumente, aber auch die sprachliche Sicherheit muss berücksichtigt werden.

Lösungsvorschlag

Schüleraufsatz ohne Kürzung

Zweifellos füllt die Beschäftigung mit den Medien wie Bücher, Zeitungen, Radio, Fernsehen und Computer in unserer heutigen Zeit einen großen Teil des Lebens vieler Menschen, einen Teil, der schon vom Zeitaufwand aus gesehen, nicht zu unterschätzen ist.
Die obige Aussage bezeichnet diese Beschäftigung mit den Medien als „Leben aus zweiter Hand", und es ist nicht schwer, Beispiele für dieses Phänomen zu finden: So erfährt der heutige Mensch Familienleben in zahlreichen Fernsehserien, in den Nachrichten „erlebt" er Kriege und Katastrophen in fernen Ländern. In der Fülle der Bücher findet er die Lebensläufe und Abenteuer der unterschiedlichsten Menschen wahrhaft lebendig geschildert, das Gefühl der Gemeinschaft im Sport „erlebt" er als Zuschauer vor dem Bildschirm. Selbst schon die Kinder spielen im Geist mit Kameraden aus Kindersendungen in Radio und Fernsehen oder Computerspielen mit.

Aber kann man diese Beschäftigung mit den Medien wirklich als „Leben aus zweiter Hand" bezeichnen? Dazu muss man sich darüber klar werden, was „Leben" überhaupt bedeutet. „Leben", das ist für den Menschen erstens einmal Erleben, Situationen mit den Sinnen erfassen, dann aber auch, dieses Erlebte durch Gedanken und Gefühle zu werten. Trifft Ersteres nur teilweise zu – schließlich gibt es noch kein Medium, das fähig ist, alle unsere Sinne anzusprechen –, so sind wir zu Letzterem, nämlich einer Wertung des durch die Medien Erfahrenen, doch weitgehend fähig.
Was den Begriff „aus zweiter Hand" anbetrifft, so dürfte dieser keinen Streitpunkt bieten, schließlich ist wohl jedem klar, dass all das, was uns da z. B. an Geschriebenem geliefert wird, vorher von Schriftstellern, Journalisten, Redakteuren usw. ausgewählt, verfasst und oft auch gewertet wurde.
Wo aber liegen nun die Gefahren, die den kritischen Unterton in dieser Aussage erlauben?
Da ist zum einen die Frage, was wir in den Medien „erleben". Oft ist diese reproduzierte Welt nicht realistisch, stimmt nicht mit der Wirklichkeit überein, gibt sich aber den Anschein einer solchen Übereinstimmung. Beispiele für solche „Scheinwirklichkeiten" finden wir in Fernsehserien und Trivialromanen. Diese unrealistischen Darstellungen verfälschen den Blick für die Wirklichkeit, wobei dieser Effekt durch die Möglichkeit, die Sendungen, Bücher, Berichte usw. frei zu wählen, noch verstärkt wird. So kann eine Flucht aus dem Leben in eine Art Traumwelt der Medien erfolgen, wobei die Probleme mit der Realität ungelöst bleiben.
Man kann dem aber auch entgegen halten, dass diese Flucht in die Irrealität, solange sie in Maßen genutzt wird, Erholung und Stärkung für den Alltag bedeuten kann. Wird aber der Medienkonsum übertrieben, besteht die Gefahr, dass das wirkliche Leben z. B. zeitlich vernachlässigt oder in seiner Bedeutung und Vielfältigkeit unterschätzt wird. Ein Beispiel hierfür ist das Familienleben, wo oft das Fernsehen usw. einen größeren Raum einnimmt als gemeinsame Unternehmungen und Gespräche. Aber auch einfach die Ruhe, das Nachdenken können zu kurz kommen, weil dieses „zweite Leben" uns einen großen Teil unserer Zeit raubt. Durch diesen Mangel an Ruhe und Muße verlieren wir möglicherweise an Blick für die Schönheiten, aber auch für die Probleme des wirklichen Lebens; unser Leben wird dadurch oberflächlicher.
Andererseits aber können die Medien auch den Blick für diese Dinge schärfen, den Blick für Probleme z. B. durch Berichte und Diskussionen, in denen auch neue Sichtweisen eines Problems aufgezeigt werden. Die Aufmerksamkeit auf die Schönheiten z. B. der Natur kann durch naturkundliche Bücher, Sendungen usw. verstärkt werden. Eine weitere Gefahr dieses „Lebens aus zweiter Hand" ist die oft unbewusste Beeinflussung durch andere z. B. im politischen und gesellschaftlichen Bereich oder auch durch die bewusste Manipulation durch die Werbung. Da dieses Leben „aus zweiter Hand" ist, wurde es meist schon auf irgendeine Art gewertet und diese Wertung wird oft ohne eigene Meinungsbildung übernommen. Doch die Information und Unterhaltung in Wort, Bild und Ton hat auch noch einen großen Nutzen: So hören und sehen wir Dinge aus fernen Ländern, die wir selbst nie erleben würden; wir haben die Möglichkeit, täglich Musik zu hören, während es uns nur selten möglich ist z. B. ein Konzert zu besuchen: auch aus dem Bereich der Wissenschaften erfahren wir Dinge, die uns ohne Medien nicht zugänglich würden. Auf diese Weise kann dieses „Leben aus zweiter Hand" unser eigenes Leben bereichern.
Insgesamt gesehen ist also Kritik an diesem „Leben aus zweiter Hand" berechtigt, jedoch ist auch der Nutzen nicht zu übersehen. Es stellt sich hier nun das Problem des Umgangs mit dieser reproduzierten Welt. Der erste Schritt zum richtigen Umgang mit den Medien ist dabei die Bewusstmachung der Gefahren, die von ihnen ausgehen, denn nur bewusste Gefahren können gebannt werden.

Anmerkung

Der Aufsatz weist einige Mängel auf, vor allem im sprachlich-stilistischen Bereich, aber zum Teil auch in der logischen Gedankenführung. Insgesamt verdient er wohl eine Benotung zwischen „gut" und „befriedigend", da das Thema erfasst, gründlich erörtert, die Argumentation durch Beispiele gestützt wird.

7.1.2 Thema Literatur

M1 Zitat

„Klassiker sind antiquiert. Sie können nicht mehr Pflichtlektüre in den Schulen sein."

Aufgaben

Setzen Sie sich in Form einer dialektischen Erörterung mit dieser Auffassung auseinander.

Lösungsansatz

Pro-Argumente (ungeordnet)

- Klassiker-Lektüre ist schwierig und zeitaufwendig.
- Die Sprache ist veraltet, schwer verständlich.
- Die Themen liegen weit ab.
- Um Anspielungen auf die Zeit, Verweise auf die Mythologie und Zitate zu verstehen braucht man Kommentare.
- Es kommt keine Lesefreude auf.
- Es bleibt kaum Zeit für moderne Literatur.
- „Klassische" Literatur wurde für ein ganz anderes Publikum geschrieben.
- Die dargestellten Charaktere, Wertvorstellungen und gesellschaftlichen Verhältnisse sind nicht übertragbar.
- Es ist zuviel Hintergrundwissen nötig.
- Inhalte und Formen moderner Literatur motivieren zur Auseinandersetzung und Diskussion.
- Routinierte Lehrer degradieren Klassiker zur „Zwangslektüre".
- Anstrengung und Nutzen stehen in keinem Verhältnis.

Contra-Argumente (ungeordnet)

- Klassiker formulieren Gedanken und Erfahrungen, die nicht zeitgebunden sind.
- Kenntnis der Klassiker gehört zur Allgemeinbildung (nicht nur in Deutschland!).
- Klassische Werke können auf ihre gesellschaftspolitische Bedeutung hin abgeklopft werden.
- Klassiker bieten erstaunlich viele „moderne" Einsichten.
- Aufgeschlossene Menschen müssen in der Lage sein oder in die Lage versetzt werden, sich in fremde Denk- und Lebensweisen hineinzuversetzen.
- Dass die Lektüre von Klassikern zum langsamen Lesen zwingt, muss nach den PISA-Ergebnissen als Chance gesehen werden.
- Klassiker müssen deshalb Pflichtlektüre bleiben, weil sie freiwillig von jungen Leuten kaum gelesen würden.
- Die Sprache der Klassiker können auch Schüler als schön erleben; sie bietet ästhetischen Genuss.
- Die Vernetzung mit anderen Fächern (Geschichte, Ethik, Bildende Kunst, Fremdsprachen) bietet sich an.
- Konzentration und Ausdauer werden gefördert.
- Werke deutscher Klassiker sind weltweites Kulturgut; es wäre peinlich, sie als Absolvent eines deutschen Gymnasiums nicht zu kennen.

Nach Ihrer Erörterung von These und Antithese können Sie im Schlussteil zu einer Synthese kommen (z. B.: Pflichtlektüre ja, aber nicht ausschließlich; unbedingt mit Zusatzinformationen und schülerorientierten Methoden); Sie können aber auch (begründet!) einseitig Stellung beziehen.

7.2 Literarische Erörterung

WISSEN

Auch in den Bundesländern, in denen diese Aufsatzform als Abituraufgabe angeboten wird, sind die Anforderungen sehr unterschiedlich, beispielsweise wird verlangt:
- **Analyse eines literarischen Motivs und Vergleich von dessen Aufarbeitung in verschiedenen Werken**
- **Darstellung eines Problems oder Wertung eines Charakters in einem literarischen Werk (Pflichtlektüre)**
- **Erörterung einer Frage oder Aussage (Kritik) zu einem literarischen Werk (Pflichtlektüre)**

Sie finden nachfolgend unkorrigierte Schülerarbeiten:
- eine Gliederung (ohne Ausführung)
- einen kompletten Aufsatz
- Auszüge aus einem Aufsatz

Deren *inhaltliche* Richtigkeit können Sie natürlich nur dann beurteilen, wenn Sie das literarische Werk kennen. Die Beispiele zeigen Ihnen aber exemplarisch Möglichkeiten auf, wie eine literarische Erörterung gegliedert werden kann, wie Teile verbunden und wie Schwerpunkte gesetzt werden können.

Tipp

Streichen Sie beim Durchlesen die Stellen an, die sprachlich oder logisch nicht überzeugend sind und setzen Sie ein Korrekturzeichen (A, Gr, Stil, Log ...) am rechten Rand. Vermerken Sie am linken Rand, wenn Ihnen Formulierungen oder logische Verknüpfungen besonders gelungen erscheinen.

7.2.1 Drama: Friedrich Schiller, Don Carlos

7

Aufgabe 1

Ist Schillers „Don Carlos" eine Familientragödie, eine Staatstragödie oder eine Freundschaftstragödie?

Lösungsvorschlag

Gliederung

A Einführung in die Handlung des Dramas in Form einer kleinen Inhaltsangabe, die dann die Frage der Themastellung aufwirft

B Hauptteil

I Familientragödie

1. Vater – Sohn
   a) Carlos wird von seinem Vater überwacht
   b) Versöhnungsversuch wird abgelehnt
   c) Prinzessin Eboli führt eine neue Dramaturgie herbei
   d) Philipps Reaktion auf die von seinem Sohn erbrachte Mutterliebe

2. Sohn – Mutter
   a) Hassgefühle gegen Philipp wegen Elisabeth
   b) Carlos' krankhafte Liebe zu Elisabeth
   c) Das Ende des Illusionenspiels
3. Mutter – Vater
   a) Philipp als Beschützer und Ehemann
   b) Philipp als Richter und Henker
4. abschließende Bemerkung zur Familientragödie

II Staatstragödie
1. außenpolitisch
   a) politische Lage in Europa
   b) Marquis politische Einstellung
   c) die Verwirklichungspläne dazu
2. innenpolitisch
   a) Carlos als politische Figur
   b) das unterdrückte Volk
   c) der König als Taktiker

III Freundschaftstragödie
1. Marquis und Carlos: Freunde seit Kindesalter
2. Marquis setzt sich für Carlos ein
3. Carlos glaubt an Freundesverrat
4. Marquis opfert sich für Carlos

C Meine Meinung und Antwort auf die gestellte Frage

Anmerkung

Die „Meinung und Antwort" des Verfassers ist der Gliederung nicht zu entnehmen, da er für die Berechtigung aller drei Begriffe Begründungen anführt. Die Anzahl der Argumente spricht für die „Familientragödie", aber wohl nicht ausschließlich.

Aufgabe 2

Größe und Grenzen eines Mächtigen   Charakterstudie Philipps in Schillers „Don Carlos".

Lösungsvorschlag

Aufsatz

Der historische Philipp II. von Spanien regierte gerne, besaß ein Reich, in dem die Sonne nicht unterging, und führte die Inquisition ein.
Philipp II. in Schillers „Don Carlos" besitzt ein riesiges Reich und führt die Inquisition an seinem Sohn durch.
Identität, Parallelen?
In der Geschichte, schmächtig und gierig, Philipp II. von Spanien. In der Erinnerung, groß und ohne Grenzen. Schillers Philipp im Drama?
Jeder Mensch wird beeinflusst, erzogen und geformt durch seine Umwelt. Philipp II. wird in die Schablone eines Königs gepresst, vom Hof, vom Großinquisitor und von den Granden. Jedem Menschen wird eine Prädestination gegeben, Philipps Prädestination ist das Königtum.

Er ist kein Herrschertyp, ungeeignet zum Regieren, misstrauisch und vorsichtig, wenn er Carlos fürchtet. Er ist ironisch, wenn er der Marquise sagt, er gönne ihr zehn Jahre fern von Madrid, um nachzudenken, warum er sie entließe.
Aber ihm wird gelehrt, dass ein König grausam handelt, grausam sein Volk behandelt und unnachgiebig verhandelt. Ihm wird Prestigebewusstsein eingeimpft, ein König darf nie sein Gesicht verlieren. Er muss lernen, dass Protestanten als Ketzer verbrannt werden.
Er wird zu einem Produkt aus Mensch Philipp und König Philipp geknetet, ein Mächtiger, dessen Größe in der Brutalität liegt, die ihm anerzogen wurde.
Er heiratete Elisabeth nicht aus Liebe, er heiratete sie aus politischen Gründen. Als Monarch, der um seinen Thron fürchtet, nicht als Mensch lässt er Carlos bespitzeln.
In Philipp entsteht der Konflikt zwischen ihm als Politiker und als Privatmensch. Sein Sohn sagt ihm, er sei allein, er hätte keine Freunde. Philipp gibt es zu. Er hasst die selbstsüchtigen Granden, und trotzdem beraten sie ihn. Philipp schwankt. Er ist unsicher, launisch. Alba und der Marquis von Posa üben einen großen Einfluss auf ihn aus – zwei Gegensätze, zwei Extreme. Ein Mächtiger, dessen Grenzen in der Teilung in Mensch und König liegen.
Das Volk will Carlos sehen, Philipp glaubt an Rebellion, er erleidet eine Art Nervenzusammenbruch, er sieht sich gerichtet, er will kapitulieren, er will aufgeben, er will seinen Sohn als König ausrufen. Er wird ohnmächtig. Der letzte Versuch, aus seiner Königsrolle herauszukommen: nicht aus Überzeugung, aus Verbitterung, er zweifelt an sich selbst als König.
Dann die Entscheidung: Er wählt den Typ des Herrschers mit der Hinrichtung seines Sohnes. Zu feige, um Carlos selbst umzubringen, beauftragt er den Großinquisitor, neunzig Jahre alt, blind.
Philipp rettet sein Image. Er findet Deckung, denn „Die ewige Gerechtigkeit zu sühnen, starb an dem Holze Gottes Sohn."
Die Erziehung des Hofes, des Großinquisitors und der Granden hat Erfolg. Aus Philipp ist ein König geworden, ängstlich, grausam und ungerecht. Seine Brutalität soll seine Schwächen, seine Willenlosigkeit, seine Angst vor der Verachtung des Marquis verdecken. Seine Brutalität soll ihm die Achtung des Hofes einspielen, soll das Volk abschrecken.
Wenn der Vorhang fällt, sieht er aus wie ein Sieger. In Wirklichkeit ist er ein Verlierer. Er verliert seine Familie, seine Menschlichkeit, seine Ironie. Er verliert seine Identität, sein eigenes Ich und gewinnt eine Maske.
Seine Handlungen passieren zwangsläufig. Er ist ein Mensch ohne Willen, ein Mensch, der sich treiben lässt. Würde Philipp einen eigenen Willen haben, würde man ihn nicht in die Königsrolle gestoßen haben. Er ist an dem Verlust seiner Persönlichkeit mit schuldig.
Man kann ihn wegen seiner Härte als Ungeheuer sehen. Man muss ihn aber als eine tragische Figur betrachten: Er wird zu einem scheinbaren Ungeheuer geformt.
Die Größe, eine falsche Größe, ist Philipp als König. Die Grenze, eine falsche Grenze, ist Philipp als Mensch.

Anmerkung

Der Aufsatz beweist verständnisvolle Lektüre und kritische, selbstständige Auseinandersetzung mit dem Thema. Sprachliche und stilistische Verstöße sollten bei der Bewertung deshalb nur eine untergeordnete Rolle spielen.

7.2.2 Roman: Theodor Fontane: Effi Briest

Aufgabe

Ist „Effi Briest" ein gesellschaftskritischer Roman?

Lösungsansatz

Auszüge aus einem Aufsatz

Einleitung

Theodor Fontane zeichnet in seinem Roman „Effi Briest" ein realistisches Bild seiner Zeit, das heißt, der Gesellschaft Ende des 19. Jahrhunderts. Der heutige Leser ist geneigt, diese auf Ansehen, Konventionen, Normen und Moral pochende Gesellschaft verantwortlich zu machen für das Scheitern der Titelheldin.

Überleitung

Die Frage ist, ob der Autor eine solche Lesart erwartet und gewünscht hat. Ich bin überzeugt (oder: ich glaube nicht), dass Fontane Kritik üben wollte an bestehenden gesellschaftlichen Normen, denn ...

Hauptteil

Fontanes Effi ist in eine Gesellschaft hineingeboren, die sich als „bessere" oder „höhere" begreift, die entweder selbstzufrieden dieses Privileg genießt (wie Herr von Briest) oder nach noch Höherem strebt (wie Frau von Briest) oder missgünstig auf die schaut, die es noch weiter bringen (wie die Frau des Pastors). Von der Kessiner Gesellschaft wird Effi – mit wenigen Ausnahmen – distanziert und herablassend behandelt, weil sie nicht der Vorstellung von einer „gnädigen Frau Baronin" entspricht. Effi will aber dazugehören, sie ist stolz auf ihre Stellung, bestärkt ihren Mann noch in seinem Ehrgeiz, übernimmt die Rolle, die ihr zugewiesen wird. Als sie sich mit Crampas einlässt, ist sie sich bewusst, dass sie gegen die gesellschaftliche Moral verstößt und akzeptiert deshalb auch ihre „Bestrafung": Scheidung, Tod des ehemaligen Liebhabers, Entzug der Tochter, Verbannung aus dem Elternhaus. Dass sie am Ende dann doch – liebevoll umsorgt – „zu Hause" sterben darf, könnte so verstanden werden, dass doch alles „in Ordnung" gekommen ist, sich die gesellschaftliche Moral bewährt und als richtig erwiesen hat.

Der allwissende Erzähler berichtet, ohne zu werten. Will der Autor damit signalisieren, dass er mit den bestehenden Verhältnissen nicht einverstanden ist? (Verhaltene) Kritik ist zu erkennen:

- Er schildert die Atmosphäre in Effis Elternhaus ...
- Er zeigt die naive Braut ...
- Er erzählt von Effis Eheleben ...
- Er kontrastiert Johanna und Roswitha ...
- Er gibt das Streitgespräch zwischen Innstetten und Wüllersdorf kommentarlos, aber sehr ausführlich wieder ...
- Er zeichnet Gieshübler als Außenseiter sehr positiv ...
- Er karikiert die Unterhaltungen in der besseren Gesellschaft ...

7

Schluss

All das kann nicht ohne Absicht sein. Schon der zeitgenössische Leser musste sich Gedanken machen über den Wert überholter gesellschaftlicher Normen und ihren Einfluss auf die Entwicklung bzw. Zerstörung eines menschlichen Individuums ...

Anmerkung

Mit diesen „Auszügen" können Sie einen sehr guten Aufsatz gestalten, wenn Sie die Aussagen kommentieren und mit Zitaten belegen. Im Schlussteil muss die eigene Lesart – bezogen auf das Thema – deutlich formuliert werden.

Tipp

Ihre Argumentation und Ihre Schlussfolgerung könnten sich auf Ihre Kenntnisse über die Zielsetzung des Poetischen Realismus stützen: Die (gegenwärtige) Welt soll wirklichkeitsgetreu, aber nicht abstoßend oder gar anstößig, sondern „poetisiert" dargestellt werden (→ Seite 117 ff).

Darstellung der Wirklichkeit	Poetisierung der Wirklichkeit
Karrierestreben	Aussparung dramatischer Szenen
Beamtenmentalität	Verzicht auf Schilderung von Gefühlen
Langeweile	höfliche Dialoge
gesellschaftliche Ächtung nach der Scheidung	(scheinbare) Distanz und Objektivität des Erzählers
seelische Verkümmerung	Ästhetik der Sprache

8_Literaturgeschichte – Dichter in ihrer Zeit

Zahlreiche Themen und Motive werden von Schriftstellern immer wieder aufgegriffen, z. B. Liebe, Natur, Krieg, Schicksal ... Aussageabsicht und Ausgestaltung werden dabei von den historisch-politischen Gegebenheiten und vom Zeitgeschmack beeinflusst. Wie in der Mode gibt es in der Literatur „Trendsetter" und „Outsider". Deshalb sind die zeitlichen Begrenzungen literarischer Epochen und Definitionen typischer Epochenmerkmale nur Orientierungshilfen; oft gibt es in einer sogenannten Epoche die unterschiedlichsten Strömungen (= Gleichzeitigkeit des Ungleichzeitigen). Die Texte bzw. Textausschnitte in diesem Kapitel sind chronologisch aufgereiht, um Ihnen die Zuordnung zu erleichtern. Es sind nur repräsentative Autorinnen und Autoren aus den Epochen vertreten, die bevorzugt für Prüfungen ausgewählt werden. Bei der mündlichen Abiturprüfung wird zunächst eine selbstständige Interpretation erwartet, danach müssen Sie sich auf gezielte Fragen zur literarischen Epoche einstellen.

WISSEN

Die gängigen Literaturgeschichten halten an der traditionellen Einteilung in aufeinanderfolgende Epochen der deutschsprachigen Literatur fest. Diese sind entweder zeitlich fixiert (z. B. Mittelalter) oder nach einer politischen Ära (z. B. Weimarer Republik) oder nach kulturellen Strömungen (z. B. Expressionismus) benannt. „Gegenwartsliteratur" ist kein festgelegter Epochenbegriff; gemeinsame Merkmale lassen sich kaum bestimmen.

8.1 Naturlyrik im Wandel der Zeit

8.1.1 Barock

M1 **Andreas Gryphius** Morgensonett

Die ewig helle Schar will nun ihr Licht verschließen;
Diane steht erblasst; die Morgenröte lacht
Den grauen Himmel an; der sanfte Wind erwacht
Und reizt das Federvolk, den neuen Tag zu grüßen

Das Leben dieser Welt eilt schon, die Welt zu küssen
Und steckt sein Haupt empor; man sieht der Strahlen Pracht
Nun blinkern auf dem See. O dreimal höchste Macht,
Erleuchte den, der sich itzt beugt vor deinen Füßen!

Vertreib die dicke Nacht, die meine Seel umgibt,
Die Schmerzens-Finsternis, die Herz und Geist betrübt!
Erquicke mein Gemüt und stärke mein Vertrauen.

Gib, dass ich diesen Tag in deinem Dienst allein
Zubring und, wenn mein End und jener Tag bricht ein,
Dass ich dich, meine Sonn, mein Licht, mög ewig schauen.

In: Karl Pörnbacher (Hrsg.): Barock. Lyrik, Drama, Predigten. Carl Hanser Verlag (Lizenzausgabe), o. J., Seite 125 f.

Aufgaben

1. *Skizzieren Sie einen ersten Verstehensentwurf, beachten Sie dabei die Entsprechung von Form und Aussage.*

2. *Ergänzen Sie Ihre Skizze durch Anmerkungen zu epochentypischen Besonderheiten.*

Lösungsvorschlag

Form und Aussage

Wie der Titel schon sagt, ist das Gedicht in Sonettform geschrieben und hat den Morgen zum Thema.
Die Anordnung der Strophen (zwei Quartette, zwei Terzette) und das Versmaß (6-hebiger Jambus) sind regelgerecht. Allerdings erfolgt nicht immer eine Zäsur nach der dritten Hebung (= Alexandriner); das Reimschema in den Terzetten weicht etwas vom klassischen Muster ab (ccd/eed). Auffallend sind unreine Reime (schließen – grüßen – küssen, umgibt – betrübt). Dies alles vermittelt den Eindruck, dass der Dichter trotz der Formenstrenge Bewegung und Empfindung vermitteln will.
Auch die inhaltliche Zweiteilung zwischen Quartetten und Terzetten ist aufgebrochen: Beim ersten Lesen erfasst man zwar die ersten beiden Strophen als freudige Begrüßung des Morgens (helle Schar, lacht, reizt, Leben, küssen, Pracht ...), die beiden folgenden als ängstliches Flehen des lyrischen Ich um Erleichterung (dicke Nacht, Schmerzen-Finsternis); der Bruch erfolgt aber schon in Vers 7: „O" – das ist eine Bitte an die „höchste Macht" um Erleuchtung. Diese Bitte wird weiter ausgeführt, sie endet in der Form eines Gebetes.

Merkmale des Barock

Das Vertrauen auf Beistand „von oben" findet sich häufig in der Dichtung des 17. Jahrhunderts, da die Menschen in den Kriegswirren nicht auf ihre eigene Kraft setzen konnten. Es gibt kaum ein Gedicht, das nicht den Vanitas-Gedanken (= Vergänglichkeit des menschlichen Lebens) aufgreift – sei es als resignative Einsicht (memento mori) oder als Aufruf zum raschen Lebensgenuss (carpe diem). Auch das „Morgensonett" ist also kein reines Naturgedicht.
Barocklyrik wird oft als gekünstelt empfunden, weil der Eindruck entstehen kann, dass die Regeln der Verslehre und der häufige Einsatz stilistischer Mittel den Dichtern wichtiger waren als die Aussage selbst, die sich ohnehin immer wiederholt. Gryphius' Morgensonett ist formal und thematisch ein typisches Barockgedicht; seine Besonderheit besteht im flexiblen Umgang mit poetischen Regeln und in der Expressivität der Aussage.

Hinweis

Ziehen Sie zum besseren Verständnis die Interpretation zu Gryphius' Gedicht „Abend" heran (Seite 37 f.).

8

M2

Catharina Regina von Greiffenberg
An die fruchtbringende Herbstzeit

Freuderfüller, Früchtebringer, vielbeglückter Jahreskoch,
Grünungs-, Blüh- und Zeitungsziel, werkbeseeltes Lustverlangen!
Lange Hoffnung ist in dir in die Taterweisung gangen.
Ohne dich wird nur beschauet, aber nichts genossen noch.

Du Vollkommenheit der Zeiten, mache bald vollkommen doch,
was von Blüh- und Wachstumskraft halbes Leben schon empfangen!
Deine Wirkung kann allein mit der Werkvollziehung prangen.
Werter Zeitenschatz, ach bringe jenes Blühen auch so hoch,

schütt aus deinem reichen Horn hochverhoffte Freudenfrüchte!
Lieblich süßer Mundergetzer, lab auch unsern Geist zugleich:
So erhebt mit jenen er deiner Früchte Ruhmgerüchte.

Zeitig' die verlangten Zeiten in dem Oberherrschungsreich!
Lass die Anlasskerne schwarz, Schickungsäpfel saftig werden:
Dass man Gottes Gnadenfrücht froh genießt und isst auf Erden.

In: Herbert Cysarz (Hrsg.): Deutsche Barocklyrik. Reclam, Stuttgart; 1978, Seite 38.

Aufgaben

1. *Skizzieren Sie einen ersten Verstehensentwurf, beachten Sie dabei die Entsprechung von Form und Aussage.*

2. *Ergänzen Sie Ihre Skizze durch Anmerkungen zu epochentypischen Besonderheiten.*

Lösungsansatz

Form

Abweichend von der strengen Regel weisen die Verse nicht sechs, sondern acht Hebungen auf; das alternierende Versmaß ist nicht immer durchgehalten, gelegentlich stoßen in der Mitte eines Verses zwei Hebungen aufeinander, was beim Lesen die Zäsur noch verstärkt.
Die direkte Anrede des Herbstes ist prall gefüllt mit zum Teil neu geschaffenen, ausdrucksstarken, oft alliterierenden Substantiven (Freuderfüller, Früchtebringer, Freudenfrüchte; Grünungs-, Blüh- und Zeitungsziel; Mundergetzer ...); auch Abstrakta wie „Taterweisung" oder „Werkvollziehung", Begriffe wie „Anlasskerne" oder „Schickungsäpfel" sind ungewöhnlich.

Merkmale des Barock

Die Lust an Formkunst und Sprachspiel ist ein typisches Merkmal der Barocklyrik, ebenso die Vermischung von Konvention und Innovation. Das epochenprägende antithetische Grundprinzip zeigt sich inhaltlich erst am Ende des Gedichtes: Die in den höchsten Tönen gepriesene Natur allein kann den Menschen nicht sättigen; er ist auf die Gnade Gottes angewiesen.

8

8.1.2 Klassik

M3 **Johann Wolfgang von Goethe** **An den Mond**

Füllest wieder 's liebe Tal
Still mit Nebelglanz,
Lösest endlich auch einmal
Meine Seele ganz.

Breitest über mein Gefild
Lindernd deinen Blick
Wie der Liebsten Auge, mild
Über mein Geschick.

Das du so beweglich kennst,
Dieses Herz im Brand,
Haltet ihr wie ein Gespenst
An den Fluss gebannt,

Wenn in öder Winternacht
Er vom Tode schwillt
Und bei Frühlingslebens Pracht
An den Knospen quillt.

Selig, wer sich vor der Welt
Ohne Hass verschließt,
Einen Mann am Busen hält
Und mit dem genießt,

Was den Menschen unbewusst
Oder wohl veracht'
Durch das Labyrinth der Brust
Wandelt in der Nacht.

1. Fassung 1776

Füllest wieder Busch und Tal
Still mit Nebelglanz,
Lösest endlich auch einmal
Meine Seele ganz.

Breitest über mein Gefild
Lindernd deinen Blick,
Wie des Freundes Auge mild
Über mein Geschick.

Jeden Nachklang fühlt mein Herz
Froh- und trüber Zeit,
Wandle zwischen Freud' und Schmerz
In der Einsamkeit.

Fließe, fließe, lieber Fluss!
Nimmer werd' ich froh,
So verrauschte Scherz und Kuss
Und die Treue so.

Ich besaß es doch einmal,
Was so köstlich ist!
Dass man doch zu seiner Qual
Nimmer es vergisst!

Rausche, Fluss, das Tal entlang,
Ohne Rast und Ruh,
Rausche, flüstre meinem Sang
Melodien zu,

Wenn du in der Winternacht
Wütend überschwillst,
Oder um die Frühlingspracht
Junger Knospen quillst.

Selig, wer sich vor der Welt
Ohne Hass verschließt,
Einen Freund am Busen hält
Und mit dem genießt,

Was, von Menschen nicht gewusst
Oder nicht bedacht,
Durch das Labyrinth der Brust
Wandelt in der Nacht.

Spätere Fassung 1789

In: Erich Trunz (Hrsg.): Goethes Werke. Wagner Verlag, Hamburg, 1960, Band 1, Seite 128 f.

Aufgaben

1. *Skizzieren Sie einen ersten Verstehensentwurf, beachten Sie dabei die Entsprechung von Form und Aussage.*

2. *Ergänzen Sie Ihre Skizze durch Anmerkungen zu epochentypischen Besonderheiten.*

Lösungsansatz

Form und Aussage

Die Überschrift verweist auf die direkte Anrede: Das lyrische Ich hat zur Natur eine Du-zu-Du-Beziehung. Der Mond ist personifiziert; sein „Blick" wirkt „lindernd" wie der einer geliebten Person. Die Verbundenheit mit der Natur ist unabhängig von Jahreszeiten, sie entspricht der Verbundenheit mit einem Menschen und macht „selig".
Zunächst wird ein Landschaftsbild entworfen, dann dessen Wirkung auf das lyrische Ich aufgezeigt. Die Schlussstrophe führt zur Eingangsstrophe zurück.
Beide Fassungen klingen liedhaft und harmonisch: Vierzeilige, gleich gebaute Strophen; Wechsel zwischen dreihebigem und vierhebigem Trochäus; Kreuzreim; nur stumpfe Kadenzen; Alliterationen; Wiederholungen; Lautmalereien.

Merkmale der Klassik

Epochenmerkmale der Klassik lassen sich aus den Veränderungen in der späteren Fassung erschließen:
(Die Verszahlen beziehen sich auf die erste Fassung)

- Es wird grammatisch-stilistisch geglättet:
  - 's liebe Tal → Busch und Tal (V. 1);
  - vom Tode schwillt → wütend überschwillt (V. 14)
  - Was den Menschen unbewusst oder wohl veracht' → Was von Menschen nicht gewusst oder nicht bedacht (V. 21/22)
- Typische Motive des Sturm und Drang entfallen:
  - Die „Liebste" wird nicht mehr erwähnt bzw. angeredet (V. 11).
  - Der „Mann" (V. 19) wird durch den „Freund" ersetzt.
  - Das „Gespenst" (V. 11) hat keinen Platz mehr im klassischen Gedicht.
  - Der Fluss wird ebenso wie der Mond zum Anredepartner, ist ein „lieber Fluss", der mit seinem Rauschen und Strömen die Empfindungen des lyrischen Ich spiegelt.
  - Das lyrische Ich, wandelnd „zwischen Freud und Schmerz", zwischen Erinnerung und Gegenwart, sieht sich in Harmonie mit der Natur. Seine Empfindungen nehmen in der späteren Fassung einen viel größeren Raum ein (Strophe 3, 4, 5, 6).

Zusammenfassung

Das klassische Gedicht ist formvollendet. Thematisiert werden der harmonische Einklang von Mensch und Natur und die Überwindung schmerzlicher Erfahrungen.

8.1.3 Romantik

M4 **Joseph von Eichendorff** **Frische Fahrt**

Laue Luft kommt blau geflossen,
Frühling, Frühling soll es sein!
Waldwärts Hörnerklang geschossen,
Mut'ger Augen lichter Schein;
Und das Wirren bunt und bunter
Wird ein magisch wilder Fluss,
In die schöne Welt hinunter
Lockt dich dieses Stromes Gruß.

Und ich mag mich nicht bewahren!
Weit von euch treibt mich der Wind,
Auf dem Strome will ich fahren,
Von dem Glanze selig blind!
Tausend Stimmen lockend schlagen,
Hoch Aurora flammend weht.
Fahre zu! Ich mag nicht fragen,
Wo die Fahrt zu Ende geht.

In: Lyrik der Romantik. Heyne Verlag, München, 1986, Seite 133.

Aufgaben

1. *Skizzieren Sie einen ersten Verstehensentwurf, beachten Sie dabei die Entsprechung von Form und Aussage.*

2. *Ergänzen Sie Ihre Skizze durch Anmerkungen zu epochentypischen Besonderheiten.*

Lösungsansatz

Form

Das lyrische Ich schildert seine Wahrnehmung und seine Wünsche. Es erfährt die Natur als beglückend (lau, blau, licht, bunt) und als berauschend (geschossen, Wirren, magisch wild).
Es will aufbrechen, sich vom Wind, vom Strom, von Stimmen leiten lassen ins Ungewisse.
Das Gedicht wirkt durch seinen Aufbau sehr lebendig und liedhaft: Es besteht aus zwei achtzeiligen Strophen, vierhebigem Trochäus und Kreuzreim mit wechselnden Kadenzen.

Merkmale der Romantik

Typisch romantisch ist die Sehnsucht nach der Ferne – Symbol dafür ist die Farbe blau. Typisch romantisch ist auch die gleichzeitige Wahrnehmung mit allen Sinnen (Synästhesie).
Der Dichter setzt bewusst poetische Mittel ein, z. B. Alliterationen (laue Luft, waldwärts), Klangwiederholungen (lau, blau; bunt und bunter).
Das Gedicht fasst in schlichten Versen das romantische Lebensgefühl zusammen: Freude über den Frühling, Begeisterung für Naturgewalten, Sehnsucht nach der Ferne, Verlockung durch das Nicht-Fassbare

M5 Clemens Brentano Sprich aus der Ferne

Sprich aus der Ferne
Heimliche Welt,
Die sich so gerne
Zu mir gesellt.

Wenn das Abendrot niedergesunken,
Keine freudige Farbe mehr spricht,
Und die Kränze stillleuchtender Funken
Die Nacht um die schattige Stirne flicht:
Wehet der Sterne
Heiliger Sinn
Leis durch die Ferne
Bis zu mir hin.

Wenn des Mondes still lindernde Tränen
Lösen der Nächte verborgenes Weh;
Dann wehet Friede. In goldenen Kähnen
Schiffen die Geister in himmlischer See.
Glänzender Lieder
Klingender Lauf
Ringelt sich nieder,
Wallet hinauf.

Wenn der Mitternacht heiliges Grauen
Bang durch die dunklen Wälder hinschleicht
Und die Büsche gar wundersam schauen,
Alles sich finster tiefsinnig bezeugt:
Wandelt im Dunkeln
Freundliches Spiel,
Still Lichter funkeln,
Schimmerndes Ziel.

Alles ist freundlich wohlwollend verbunden,
Bietet sich tröstend und traurend die Hand.
Sind durch die Nächte die Lichter gewunden,
Alles ist ewig im Innern verwandt.
Sprich aus der Ferne,
Heimliche Welt,
Die sich so gerne
Zu mir gesellt.

In: Lyrik der Romantik. Heyne Verlag, München, 1986, Seite 57 f.

Aufgaben

1. *Skizzieren Sie einen ersten Verstehensentwurf, beachten Sie dabei die Entsprechung von Form und Aussage.*

2. *Ergänzen Sie Ihre Skizze durch Anmerkungen zu epochentypischen Besonderheiten.*

Lösungsansatz

Form

Angesprochen ist die „heimliche Welt der Nacht" (erste und letzte Strophe). Sie hat alle Farben ausgelöscht, es ist dunkel, finster, schattig. Das betrübt das lyrische Ich nicht, denn es erfährt „der Sterne heilige[n] Sinn", „des Mondes lindernde Tränen", „glänzender Lieder klingende[n] Lauf", Frieden und „freundliches Spiel". Da alles „freundlich wohlwollend verbunden" ist, empfindet es auch „verborgenes Weh" und „heiliges Grauen" nicht als bedrückend.
Die bewegte Anteilnahme am Schauspiel der nächtlichen Natur spiegelt sich in der Form wider: Daktylisches Metrum, zwei- und vierhebige Verse, Kreuzreim mit wechselnden Kadenzen, Alliterationen, Lautmalereien und Abrundung durch die Wiederholung der Eingangsstrophe am Ende.

Romantische Motive

- Nacht, verbunden mit Mondschein, Sternen, aber auch Grauen
- Personifizierung (Nacht, Mond, Friede, Lieder)
- Musik
- Sehnsucht
- Übersinnliches (Geister)
- Emotionalität des lyrischen Ich

8.1.4 Expressionismus

M6 Georg Trakl In den Nachmittag geflüstert

Sonne, herbstlich dünn und zag,
Und das Obst fällt von den Bäumen.
Stille wohnt in blauen Räumen
Einen langen Nachmittag.

Sterbeklänge von Metall;
Und ein weißes Tier bricht nieder.
Brauner Mädchen raue Lieder
Sind verweht im Blätterfall.

Stirne Gottes Farben träumt,
Spürt des Wahnsinns sanfte Flügel.
Schatten drehen sich am Hügel
Von Verwesung schwarz umsäumt.

Dämmerung voll Ruh und Wein;
Traurige Guitarren rinnen.
Und zur milden Lampe drinnen
Kehrst du wie in Träume ein.

In: Georg Trakl: Das dichterische Werk. dtv, München, 1972, Seite 31 f.

Aufgaben

1. *Skizzieren Sie einen ersten Verstehensentwurf, beachten Sie dabei die Entsprechung von Form und Aussage.*

2. *Ergänzen Sie Ihre Skizze durch Anmerkungen zu epochentypischen Besonderheiten.*

Lösungsvorschlag

Form und Inhalt

Der Titel nennt das Thema (Eindrücke am Nachmittag) und die Situation (monologisches „Flüstern" des lyrischen Ich).
Die äußere Form ist gefällig und konventionell: vier Strophen mit je vier Versen, umarmender Reim mit wechselnden Kadenzen, vierhebiger Trochäus. Dennoch handelt es sich nicht um ein traditionelles, stimmungsvolles Herbstgedicht. Zwar wirken die erste und die letzte Strophe ruhig und harmonisch, sie geben das Bild einer friedlichen Landschaft wieder, aus der sich das lyrische Ich (Du) in der Dämmerung zurückzieht „zur milden Lampe drinnen". Sie bilden jedoch nur den Rahmen für die beiden Mittelstrophen. Auffällig sind die Kontraste, z. B. Sonne – Schatten; dünn und zag – rau; Stille – Sterbeklänge von Metall; Obst – Verwesung). Innerhalb der Strophen 2 und 3 sind die Farbkontraste auffällig (weiß, braun, schwarz). Um Farben geht es in V. 9 – es wird allerdings nicht eindeutig klar, wie der Satz zu verstehen ist: Ist es die Stirne Gottes, die Farben „träumt", oder ist es die Stirne des Menschen, die „Gottes Farben träumt"? Da die Stirne (als Subjekt) „des Wahnsinns

sanfte Flügel" spürt, ist wohl eher an das lyrische Ich zu denken, das in einem entrückten Zustand Farben wahrzunehmen glaubt.

Merkmale des Expressionismus

- Naturphänomene werden subjektiv aus der Befindlichkeit des lyrischen Ich wahrgenommen.
- Die Selbstwahrnehmung gipfelt in Angst vor Wahnsinn und Tod.
- Die traditionelle äußere Form wird kontrastiert durch innovative Bilder und kühne Metaphern (z. B. blaue Räume, Sterbeklänge von Metall, des Wahnsinns sanfte Flügel, Guitarren rinnen).
- Unvollständige Sätze und ungewöhnliche Wortverbindungen erschweren ein eindeutiges Verständnis.
- Sterben in der Natur und drohender Ich-Zerfall sind die vorherrschenden Motive.

M7 August Stramm Vorfrühling

Pralle Wolken jagen sich in Pfützen
Aus frischen Leibesbrüchen schreien Halme Ströme
Die Schatten stehn erschöpft.
Auf kreischt die Luft
Im Kreisen, weht und heult und wälzt sich
Und Risse schlitzen jählings sich
Und narben
Am grauen Leib.
Das Schweigen tappet schwer herab
Und lastet!
Da rollt das Licht sich auf
Jäh gelb und springt
Und Flecken spritzen –
Verbleicht
Und
Pralle Wolken tummeln sich in Pfützen.

In: August Stramm: Das Werk. Hrsg. René Radrizzani, Limes Verlag, Wiesbaden, 1963, Seite 109.

8

Aufgaben

1. *Skizzieren Sie einen ersten Verstehensentwurf, beachten Sie dabei die Entsprechung von Form und Aussage.*

2. *Ergänzen Sie Ihre Skizze durch Anmerkungen zu epochentypischen Besonderheiten.*

Lösungsansatz

Der Titel gibt schlicht das Thema an, geht nicht auf die Situation ein (vgl. Trakl, **M6**).

Form und Inhalt

- 16 Zeilen von sehr unterschiedlicher Länge
- keine Stropheneinteilung
- Verzicht auf Reime
- alternierendes Metrum, häufig von der natürlichen Wortbetonung abweichend
- syntaktische Abweichungen (Inversion)
- eigenartige Interpunktion
- ungewöhnliche sprachliche Bilder

Den inhaltlichen Rahmen bilden „pralle Wolken" in rascher Bewegung, die allerdings nur als Spiegelbild in den Pfützen wahrgenommen werden. Der Frühling nähert sich unfreundlich, stürmisch und bedrohlich: Er reißt die Erdoberfläche auf, Halme „schreien", Schatten wirken „erschöpft", wohl deshalb, weil die Sonne fehlt. (Visuelle und akustische Eindrücke werden verquickt.) Die Luft erscheint personifiziert: Sie kreischt auf, kreist, weht und heult und wälzt sich, muss offensichtlich etwas gebären. Der „graue Leib" (der Erde?) wird aufgeschlitzt (vgl. V. 2), danach „tappet" das Schweigen der Luft, die zuvor aufkreischte und heulte, „schwer herab" – es macht Angst. Gelbes Licht taucht auf, aber nur in Flecken, und es verschwindet wieder. Am Ende gleicht das Bild des Vorfrühlings dem am Anfang: grau und sonnenlos.

Merkmale des Expressionismus

- Aufbrechen traditioneller Inhalte
- Experimente in der formalen Gestaltung
- subjektive Sichtweise des lyrischen Ich
- Gleichzeitigkeit von Wahrnehmung und Übertragung
- Sprachliche Bilder, die sich nicht eindeutig „übersetzen" lassen
- Aufbruch der Natur bedeutet für den Menschen nicht Hoffnung, sondern Bedrohung, macht ihm Angst. (Hinweis: Das Gedicht entstand 1914 = Aufbruch zum 1. Weltkrieg)

8.1.5 Nachkriegsliteratur

WISSEN

Nach Kriegsende haben sich Lyriker wieder zu Wort gemeldet, die während des Dritten Reiches auf der Schwarzen Liste standen, entweder im Ausland publiziert oder überhaupt nicht mehr geschrieben hatten.
Ihre Themen im Bereich der Naturlyrik orientieren sich an der eigenen Biografie (Heimat) oder an der absehbaren Entwicklung in den zwei deutschen Staaten (Bedrohung der Natur durch Industrialisierung und Agrarwirtschaft).
Formal lehnen sie sich zum Teil noch an die Muster aus dem 19. und frühen 20. Jahrhundert an, zum Teil gestalten sie sehr eigenwillige, „moderne" Kunstwerke.

M8 Günter Eich Belagerung

Vögel, die um Futter kommen,
behalten dein Bild auf der Netzhaut.
Sie tragen es zu den Wölfen ins Dickicht,
in die Bereitstellung der Springflut
und zum Sammelplatz der Haie.

Abends sollen dich
Die Sonnenuntergänge sicher machen
Und die Freundlichkeit, mit der die Fenster erleuchtet werden.
Aber du weißt, welche Lider
Sich über den grünen Lichtern geöffnet haben.
Die Auswege sind bewacht.

Würfle es jetzt, da du umstellt bist,
zähle es ab an den Ästen vor deinem Fenster,
lies es in den Linien deiner Hand: Der den Angriff befiehlt,
ist auch um deine Rettung besorgt.

Die Wölfe verlieren morgens deine Spur im Schnee.

In: Günter Eich: Gesamtwerk. Suhrkamp, Frankfurt a. M., 1973, Band 1, Seite 87.

8

Aufgaben

1. *Skizzieren Sie einen ersten Verstehensentwurf, beachten Sie dabei die Entsprechung von Form und Aussage.*

2. *Ergänzen Sie Ihre Skizze durch Anmerkungen zu epochentypischen Besonderheiten.*

Lösungsvorschlag

Der Titel „Belagerung" verweist auf eine bedrohliche Situation. Schon beim ersten Lesen wird ersichtlich, dass es die Natur ist, die den Menschen belagert, also nur darauf wartet, bis sie ihn besiegen kann: Scheinbar harmlose Vögel, die Hilfe erbitten, sind Spione für gewalttätige Tiere (Wölfe, Haie) und gefährliche Naturgewalten (Springflut). Schönheit und Freundlichkeit der Natur sind nur Täuschung, dahinter lauert ein Ungeheuer (grüne Lichter = Raubtieraugen). Das angesprochene lyrische Du hat keinen Ausweg, es ist „umstellt". Es kann die Zukunft nicht steuern, es kann nur versuchen, sie zu erahnen (würfeln, abzählen, ablesen). Die Hoffnung auf Rettung ist absurd, der „Trost" am Ende wirkt zynisch.

Gegenüberstellung

positive Wahrnehmung = Anschein	Wirklichkeit = Gefahr
hungrige, zutrauliche Vögel „die um Futter kommen"	Spione der Wölfe und Haie „behalten dein Bild"
malerische Sonnenuntergänge „sollen dich sicher machen"	lauernde Raubtiere „welche Lider sich geöffnet haben"
erleuchtete Fenster „Freundlichkeit"	Bewachung „du weißt" ...
sichere Rettung	„umstellt"

Die Natur wird als der übermächtige Gegenspieler des Menschen dargestellt. Er ist ihrer Gnadenlosigkeit ausgeliefert. Das kann nicht im wörtlichen Sinn verstanden werden, sondern muss übertragen werden: Welcher Macht ist der Mensch wirklich ausgeliefert? Und kann er tatsächlich nichts dagegen tun?

Der Dichter will offensichtlich davor warnen, sich von vorgespielter Bedürftigkeit oder aber „Freundlichkeiten" täuschen zu lassen. Die euphorische Aufbruchsstimmung im Nachkriegsdeutschland (Wiederbewaffnung, Wirtschaftswunder) macht ihn skeptisch. Er gestaltet seine Warnung in unterschiedlich lange Strophen und Verse, verzichtet auf Reim und regelmäßiges Versmaß, nähert sich der rhythmischen Prosa. Das Gedicht ist sehr ausdrucksstark; die Form unterstreicht die Dringlichkeit der Aussage.

M9 **Sarah Kirsch** Im Sommer

Dünnbesiedelt das Land.
Trotz riesigen Feldern und Maschinen
Liegen die Dörfer schläfrig
In Buchsbaumgärten; die Katzen
Trifft selten ein Steinwurf.

Im August fallen Sterne.
Im September bläst man die Jagd an.
Noch fliegt die Graugans, spaziert der Storch
Duch unvergiftete Wiesen. Ach, die Wolken
Wie Berge fliegen sie über die Wälder.

Wenn man hier keine Zeitung hält
Ist die Welt in Ordnung.
In Pflaumenmuskesseln
Spiegelt sich schön das eigene Gesicht und
Feuerrot leuchten die Felder.

In: Sarah Kirsch: Rückenwind. Langewiesche-Brandt, Ebenhausen, 1977, Seite 51.

Aufgaben

1. *Skizzieren Sie einen ersten Verstehensentwurf, beachten Sie dabei die Entsprechung von Form und Aussage.*

2. *Ergänzen Sie Ihre Skizze durch Anmerkungen zu epochentypischen Besonderheiten.*

Lösungsansatz

Mögliche Leitfragen

- Was für eine Landschaft wird beschrieben? (dünn besiedelt, riesige Felder, Dörfer ...)
- Wie wirkt das Landschaftsbild beim ersten Lesen? (Idylle: schläfrig, die Welt noch in Ordnung, schön)
- Wo wird die Brüchigkeit dieser Idylle deutlich? (trotz, selten, noch, ach, wenn)
- Was macht die Modernität des Gedichtes aus?
  - Form: Verzicht auf Reim und regelmäßiges Versmaß, häufiges Enjambement
  - Aussage: Die Welt ist „noch“ in Ordnung: Die Wiesen sind unvergiftet, Katzen werden kaum mit Steinen beworfen, man kann sich an Selbstgeerntetem/Selbstgekochtem erfreuen. Das trifft aber nur für die abgelegenen, schläfrigen Dörfer zu, das heißt für die schläfrigen Menschen, die sich in ihren eigenen „Pflaumenmuskesseln“ spiegeln, sich abkapseln vom Geschehen in der Welt.
  - Aussageabsicht: Intendiert ist nicht, wie etwa in der Romantik, die Darstellung der heilen Natur, die den Menschen beflügelt und Sehnsucht in ihm weckt. Es ist versteckte Kritik zu erkennen am Verhalten der Zeitgenossen, die bedrohliche Entwicklungen nicht wahrnehmen wollen.

Hinweis: Das Gedicht entstand 1974 in der damaligen DDR.

8.2 Spiegelung der Zeit in erzählenden Texten

WISSEN

Anders als in der verdichteten Aussage lyrischer Texte können in epischen Werken (Erzählungen, Novellen, Romane) Bilder der Zeit und die spezifischen Lebensbedingungen der Zeitgenossen ausführlich und anschaulich dargestellt werden.
Stil und Sprache entsprechen den vorherrschenden Tendenzen oder heben sich bewusst davon ab. Ebenso ist den Aussagen Einverständnis mit der gegenwärtigen Situation oder Kritik an den gesellschaftlichen und politischen Entwicklungen zu entnehmen.

8.2.1 Barock

M1 **Hans Jakob Christoffel von Grimmelshausen**
Abenteuerlicher Simplicius Simplicissimus

Das IV. Kapitel

Simplicii Residenz wird ausgeplündert –
Niemand da, der die Soldaten verhindert

Wiewohl ich nicht bin gesinnet gewesen, den friedliebenden Leser mit diesen Reutern in meines Knans Haus und Hof zu führen, weil es schlimm genug darin hergehen wird: So erfodert jedoch die Folge meiner Historiae, dass ich der lieben Posterität hinterlasse, was vor abscheuliche und ganz unerhörte Grausamkeiten in diesem unserm teutschen Krieg hin und wieder verübet worden, zumalen mit meinem eigenen Exempel zu bezeugen, dass alle solche Übel von der Güte des Allerhöchsten zu unserm Nutz oft notwendig haben verhängt werden müssen. Denn, lieber Leser, wer hätte mir gesagt, dass ein Gott im Himmel wäre, wann keine Krieger meines Knans Haus zernichtet und mich durch solche Fahung unter die Leut gezwungen hätten, von denen ich genugsamen Bericht empfangen? Kurz zuvor konnte ich nichts anders wissen noch mir einbilden, als dass mein Knan, Meuder, Ursele, ich und das übrige Hausgesind allein auf Erden sei, weil mir sonst kein Mensch, noch ein einzige andre menschliche Wohnung bekannt war als meines Knans zuvor beschriebener adeliger Sitz, darin ich täglich aus und ein ging. Aber bald hernach erfuhr ich die Herkunft der Menschen in diese Welt, und dass sie keine bleibende Wohnung hätten, sondern oftermals, eh sie sich's versehen, wieder daraus müssten; ich war nur mit der Gestalt ein Mensch und mit dem Namen ein Christenkind, im Übrigen aber nur eine Bestia! Aber der Allerhöchste sahe meine Unschuld mit barmherzigen Augen an und wollte mich zu Seiner und meiner Erkenntnis bringen. Und wiewohl er tausenderlei Wege hierzu hatte, wollte Er sich doch ohn Zweifel nur desjenigen bedienen, in welchem mein Knan und Meuder, andern zum Exempel, wegen ihrer liederlichen Aufziehung gestraft würden.
Das Erste, das diese Reuter taten und in dem schwarzgemalten Zimmer meines Knans anfingen, war, dass sie ihre Pferde einställeten; hernach hatte jeder seine sondre Arbeit zu verrichten, deren jede lauter Untergang und Verderben anzeigte. Denn obzwar etliche anfingen zu metzgen, zu sieden und zu braten, dass es sahe, als sollte ein lustiges Banquet gehalten werden, so waren hingegen andere, die durchstürmten das Haus unten und oben; ja das heimliche Gemach war nicht sicher, gleichsam als wäre das gülden Fell von Colchis drin verborgen. – Andere machten von Tuch, Kleidungen und allerlei Hausrat große Pack zusammen, als ob sie irgends einen Krempelmarkt anrichten wollten; was sie aber nicht mitzunehmen gedachten, ward zerschlagen und zugrunde gerichtet; etliche durchstachen Heu und

Stroh mit ihren Degen, als ob sie nicht Schweine und Schafe genug zu stechen gehabt hätten; etliche schütteten die Federn aus den Betten und fülleten hingegen Speck, andere dürr Fleisch und sonst Gerät hinein, als ob alsdann besser darauf zu schlafen wäre. Andere schlugen Ofen und Fenster ein, gleichsam als hätten sie einen ewigen Sommer zu verkündigen; Kupfer- und Zinngeschirr schlugen sie zusammen und packten die gebogene und verderbte Stücken ein; Bettladen, Tisch, Stühl und Bänk verbrannten sie, da doch viel Klafter dürr Holz im Hof lag; Häfen und Schüsseln musste endlich alles entzwei, entweder weil sie lieber gebraten aßen oder weil sie bedacht waren, nur eine einzige Mahlzeit allda zu halten.

Unsere Magd ward im Stall dermaßen traktirt, dass sie nicht mehr daraus gehen konnte, welches zwar eine Schande ist zu melden! Den Knecht kegten sie gebunden auf die erd, steckten ihm ein Sperrholz ins Maul und schütteten ihm einen Melkkübel voll garstig Mistlachenwasser in Leib; das nannten sie einen Schwedischen Trunk, der ihm aber gar nicht schmeckte, sondern in seinem Gesicht sehr wunderliche Mienen verursachte; wodurch sie ihn zwungen, eine Partei anderwärts zu führen, allda sie Menschen und Viehe hinwegnahmen und in unsern Hof brachten, unter welchen mein Knan, meine Meuder und unser Ursele auch waren.

Da fing man erst an, die Steine von den Pistolen und hingegen an deren Statt der Bauren Daumen aufzuschrauben und die armen Schelmen so zu foltern, als wenn man hätte Hexen brennen wollen, maßen sie auch einen von den gefangenen Bauren bereits in Backofen steckten und mit Feuer hinter ihm her waren, ohnangesehen er noch nichts bekannt hatte. Einem andern machten sie ein Seil um den Kopf und reitelten es mit einem Bengel zusammen, dass ihm das Blut zu Mund, Nas und Ohren heraussprang. In summa, es hatte jeder seine eigene Invention, die Bauren zu peinigen, und also auch jeder Baur seine sonderbare Marter. Allein mein Knan war meinem damaligen Bedünken nach der glücklichste, weil er mit lachendem Munde bekannte, was andere mit Schmerzen und jämmerlicher Wehklage sagen mussten; und solche Ehre widerfuhr ihm ohne Zweifel darum, weil er der Hausvater war; denn sie setzten ihn zu einem Feur, banden ihn, dass er weder Hände noch Füße regen konnte, und rieben seine Fußsohlen mit angefeuchtetem Salz, welches ihm unsere alte Geiß wieder ablecken und dadurch also kützeln musste, dass er vor Lachen hätte zerbersten mögen. Das kam so artlich und mir so anmutig vor (weil ich meinen Knan niemals ein solches langwieriges Gelächter verführen gehöret und gesehen), dass ich Gesellschaft halber, oder will ich's nicht besser verstund, von Herzen mitlachen musste. In solchem Gelächter bekannte er seine Schuldigkeit und öffnete den verborgenen Schatz, welcher von Gold, Perlen und Kleinodien viel reicher war, als man hinter den Bauren hätte suchen mögen. Von den gefangenen Weibern, Mägden und Töchtern weiß ich sonderlich nichts zu sagen, weil mich die Krieger nicht zusehen ließen, wie sie mit ihnen umgingen. Das weiß ich noch wohl, dass man teils hin und wieder in den Winkeln erbärmlich schreien hörte; schätze wohl, es sei meiner Meuder und unserm Ursele nit besser gangen als den andern. Mitten in diesem Elend wandte ich Braten und war um nichts bekümmert, weil ich noch nit recht verstund, wie dieses alles gemeinet wäre; ich half auch nachmittags die Pferd tränken, durch welches Mittel ich zu unsrer Magd in Stall kam, welche wundermerklich zerstrobelt aussahe; ich kannte sie nicht, sie aber sprach zu mir mit kränklicher Stimm: „O Bub, lauf weg, sonst werden dich die Reuter mitnehmen; guck, dass du davon kommst, du siehest wohl, wie es so übel ...". Mehrers konnte sie nicht sagen.

Aus: H. J. Chr. von Grimmelshausen: Abenteuerlicher Simplicius Simplicissimus. Goldmann, München, o. J., Seiten 16–18.

8

Aufgaben

1. *Skizzieren Sie einen ersten Verstehensentwurf, beachten Sie dabei die Entsprechung von Form und Aussage.*

2. *Ergänzen Sie Ihre Skizze durch Anmerkungen zu epochentypischen Besonderheiten.*

Lösungsansatz

Notizen nach dem ersten Lesen

Die Sprache des 17. Jahrhunderts bereitet dem heutigen Leser einige Mühe: Wortwahl, Grammatik, Schreibweise, ...
Der zeitgenössische Leser wird direkt angesprochen. Der Erzähler entschuldigt sich für die realistische Schilderung der Grausamkeiten, die er selbst mit angesehen und miterlebt hat (Plünderung, Folterung, Vergewaltigung, sinnlose Zerstörung).
Die Ereignisse werden im Rückblick aus der Sicht eines einfältigen, naiven Jungen berichtet, der sie nicht versteht und nach Erklärungen sucht („als sollte", „gleichsam als wäre", „als ob", „entweder weil ... oder weil", ...).
Der Roman(-ausschnitt) beansprucht Authentizität, will dadurch Interesse und Anteilnahme wecken.

Epochen- bzw. Zeitbezug

- Das Thema des Romanauszugs ist der Dreißigjährige Krieg, der besonders die Landbevölkerung in Not und Elend stürzte.
- Im Detail werden die „üblichen" Gewalttätigkeiten der gerade auf dem Vormarsch befindlichen Soldaten beschrieben.
- Inhalt und Erzählweise stehen in scharfem Kontrast; Antithetik ist ein Grundprinzip der Barockliteratur.
- Mit der Titelfigur werden mittelalterliche Motive aufgenommen: Der „tumbe Tor" (= der dumme Einfältige) wird zum Helden, seine Abenteuer sind in der Form eines Schelmenromans erzählt.
- Der Kapitelinhalt wird in Form eines Epigramms der Erzählung vorangestellt (Wiederaufnahme bei Bertolt Brecht, *Mutter Courage und ihre Kinder*).
- Trotz oder gerade wegen der erfahrenen Grausamkeiten glaubt der Erzähler an die göttliche Vorsehung, an eine ausgleichende Gerechtigkeit „des Allerhöchsten".

8.2.2 Sturm und Drang

M2 Johann Wolfgang Goethe Die Leiden des jungen Werthers

Werther schreibt an seinen Freund Wilhelm. Er hat ihm vor einigen Wochen mitgeteilt, dass er sich leidenschaftlich in eine junge Frau verliebt hat, die jedoch bereits verlobt ist.

Am 30. August (1771)
Unglücklicher! Bist du nicht ein Tor? Betrügst du dich nicht selbst? Was soll diese tobende endlose Leidenschaft? Ich habe kein Gebet mehr als an sie; meiner Einbildungskraft erscheint keine andere Gestalt als die ihrige, und alles in der Welt um mich her sehe ich nur im Verhältnisse mit ihr. Und das macht mir dann so manche glückliche Stunde – bis ich mich wieder von ihr losreißen muss! Ach Wilhelm! Wozu mein Herz mich oft drängt! – Wenn ich bei ihr gesessen bin, zwei, drei Stunden, und mich an ihrer Gestalt, an ihrem Betragen, an dem himmlischen Ausdruck ihrer Worte geweidet habe und nun nach und nach alle meine Sinne aufgespannt werden, mir es düster vor den Augen wird, ich kaum noch höre und es mich an die Gurgel fasst wie ein Meuchelmörder, dann mein Herz in wilden Schlägen den bedrängten Sinnen Luft zu machen sucht und ihre Verwirrung nur vermehrt – Wilhelm, ich weiß oft nicht, ob ich auf der Welt bin! Und – wenn nicht manchmal die Wehmut das Übergewicht nimmt und Lotte mir den elenden Trost erlaubt, auf ihrer Hand meine Beklemmung auszuweinen – so muss ich fort, muss hinaus! Und schweife dann weit im Feld umher; einen jähen Berg zu klettern ist dann meine Freude, durch einen unwegsamen Wald einen Pfad durchzuarbeiten, durch die Hecken, die mich verletzen, durch die Dornen, die mich zerreißen! Da wird mir's etwas besser! Etwas! Und wenn ich vor Müdigkeit und Durst manchmal unterwegs liegen bleibe, manchmal in der tiefen Nacht, wenn der hohe Vollmond über mir steht, im einsamen Walde auf einen krummgewachsenen Baum mich setze, um meinen verwundeten Sohlen nur einige Linderung zu verschaffen, und dann in einer ermattenden Ruhe in dem Dämmerschein hinschlummere! O Wilhelm! Die einsame Wohnung einer Zelle, das härene Gewand und der Stachelgürtel wären Labsale, nach denen meine Seele schmachtet. Adieu! Ich seh' dieses Elendes kein Ende als das Grab.

Den 8. Januar 1772
Was das für Menschen sind, deren ganze Seele auf dem Zeremoniell ruht, deren Dichten und Trachten jahrelang dahin geht, wie sie um einen Stuhl weiter hinauf bei Tische sich einschieben wollen! Und nicht, dass sie sonst keine Angelegenheit hätten, nein, vielmehr häufen sich die Arbeiten, eben weil man über den kleinen Verdrießlichkeiten von Beförderung der wichtigen Sachen abgehalten wird. Vorige Woche gab es bei der Schlittenfahrt Händel, und der ganze Spaß wurde verdorben,
Die Toren, die nicht sehen, dass es eigentlich auf den Platz gar nicht ankommt, und dass der, der den ersten hat, so selten die erste Rolle spielt! Wie mancher König wird durch seinen Minister, wie mancher Minister durch seinen Sekretär regiert! Und wer ist dann der Erste? Der, dünkt mich, der die andern übersieht und so viel Gewalt oder List hat, ihre Kräfte und Leidenschaften zu Ausführung seiner Pläne anzuspannen.

Am 3. November
Weiß Gott! Ich lege mich so oft zu Bette mit dem Wunsche, ja manchmal mit der Hoffnung, nicht wieder zu erwachen: und morgens schlage ich die Augen auf, sehe die Sonne wieder und bin elend. Oh, dass ich launisch sein könnte, könnte die Schuld aufs Wetter, auf einen Dritten, auf eine fehlgeschlagene Unternehmung schieben, so würde die unerträgliche Last des Unwillens doch nur halb auf mir ruhen. Wehe mir! Ich fühle zu wahr, dass an mir allein

alle Schuld liegt – nicht Schuld! Genug, dass in mir die Quelle allen Elendes verborgen ist wie ehemals die Quelle aller Seligkeiten. Bin ich nicht noch eben derselbe, der ehemals in aller Fülle der Empfindung herumschwebte, dem auf jedem Tritte ein Paradies folgte, der ein Herz hatte, eine ganze Welt liebevoll zu umfassen? Und dies Herz ist jetzt tot, aus ihm fließen keine Entzückungen mehr, meine Augen sind trocken, und meine Sinne, die nicht mehr von erquickenden Tränen gelabt werden, ziehen ängstlich meine Stirn zusammen. Ich leide viel; denn ich habe verloren, was meines Lebens einzige Wonne war, die heilige belebende Kraft, mit der ich Welten um mich schuf; sie ist dahin! – Wenn ich zu meinem Fenster hinaus zu den fernen Hügel sehe, wie die Morgensonne über ihn her den Nebel durchbricht und den stillen Wiesengrund bescheint und der sanfte Fluss zwischen seinen entblätterten Weiden zu mir herschlängelt – oh! Wenn da diese herrliche Natur so starr vor mir steht wie ein lackiertes Bildchen und alle die Wonne keinen Tropfen Seligkeit aus meinem Herzen herauf in das Gehirn pumpen kann und der ganze Kerl vor Gottes Angesicht steht wie ein versiegter Brunnen, wie ein verlechter Eimer. Ich habe mich oft auf den Boden geworfen und Gott um Tränen gebeten wie ein Ackersmann um Regen, wenn der Himmel ehern über ihm ist und um ihn die Erde verdürstet.
Aber ach! Ich fühle es, Gott gibt Regen und Sonnenschein nicht unserm ungestümen Bitten, und jene Zeiten, deren Andenken mich quält, warum waren sie so selig, als weil ich mit Geduld seinen Geist erwartete und die Wonne, die er über mich ausgoss, mit ganzem, innig dankbarem Herzen aufnahm!

Aus: Johann Wolfgang Goethe: Die Leiden des jungen Werthers. Reclam, Stuttgart, 1972, Seiten 62 f., 74, 99 f.

Aufgaben

1. *Skizzieren Sie einen ersten Verstehensentwurf, beachten Sie dabei die Entsprechung von Form und Aussage.*

2. *Ergänzen Sie Ihre Skizze durch Anmerkungen zu epochentypischen Besonderheiten.*

Lösungsvorschlag

Vergleich der drei Briefe

30. August 1771:
Werther fühlt sich unglücklich und zerrissen. Er spürt eine „tobende endlose Leidenschaft", die ihn an nichts anderes mehr denken lässt, und weiß gleichzeitig, dass diese Leidenschaft nicht befriedigt werden kann. Er begibt sich in die raue Natur, um sich durch körperliche Anstrengungen und Schmerzen abzulenken; das führt zur Ermattung, aber keineswegs zur Entspannung. Die einzige Möglichkeit, sein Elend zu beenden, sieht er im Tod.

8. Januar 1772:
Werther empört sich über das Verhalten der „besseren" Gesellschaft. Egoistisch denkt jeder nur an seinen eigenen Aufstieg und vernachlässigt die Dinge, die im Leben wichtig sind. Er bezeichnet diese Leute als „Toren", weil sie nicht erkennen, wer wirklich Macht ausübt, wie subversiv sie erreicht wird. Er selbst ist überzeugt, dass nur Rücksichtslosigkeit, „Gewalt und List" in dieser Gesellschaft zum Erfolg führen.

3. November 1772:
Werthers Gemütszustand ist „elend" und er fühlt sich selbst schuldig daran. Nicht Einflüsse von außen machen ihn „selig" oder unglücklich, es ist seine eigene empfindsame Seele, die die Wahrnehmung von Geschehnissen in der Natur und in der menschlichen Gesellschaft steuert.
Sein Stimmungsumschwung erscheint ihm endgültig, denn sein Herz „ist jetzt tot"; die einst so belebende Natur erfährt er jetzt „wie ein lackiertes Bildchen". Die Erinnerung quält ihn; mit der Vergänglichkeit von Empfindungen assoziiert er die Vergänglichkeit des Lebens.

Ergebnis

Die Briefe haben unterschiedliche thematische Schwerpunkte: Versuch, den Seelenschmerz zu überwinden – Klage über seelenlose Mitbürger – resignative Einsicht, dass die eigene Seele nicht mehr zu heilen ist.
Gemeinsam sind in den Briefen die emotionale Sprache (Ausrufe, Interjektionen, rhetorische Fragen, Wortwahl), die Subjektivität der Aussage, die Ich-Bezogenheit und die (an-)klagende Grundhaltung.
Beispiele:

- Bist du nicht ein Tor?
- diese tobende endlose Leidenschaft
- Ich habe kein Gebet mehr als an sie
- es mich an die Gurgel fasst
- in wilden Schlägen
- meine Beklemmung auszuweinen
- O Wilhelm!
- Meine Seele schmachtet
- und bin elend
- in aller Fülle der Empfindung herumschwebte
- Dies Herz ist jetzt tot
- Aber ach!

All dies sind wesentliche Merkmale der Sturm-und-Drang-Dichtung. Individualität, Emotionalität und Subjektivität kommen verstärkt zum Ausdruck durch die Form des Briefromans. Darüber hinaus sind Naturverbundenheit und Kritik an gesellschaftlichen Konventionen zentrale Themen der Epoche. Empfindsamkeit und rebellisches Denken werden gleichermaßen in Werthers Briefen deutlich.

Hinweis

Romane sind in der Zeit des Sturm und Drang die Ausnahme. Die Anliegen der Dichter konnten in lyrischen und dramatischen Texten eindrucksvoller artikuliert werden.

8.2.3 Romantik

M3 Joseph von Eichendorff Das Marmorbild

Florio, der Held der Novelle, hat auf seiner Reise in den Süden den Sänger Fortunato kennengelernt.

So in Gedanken schritt er noch lange fort, als er unerwartet bei einem großen, von hohen Bäumen rings umgebenen Weiher anlangte. Der Mond, der eben über die Wipfel trat, beleuchtete scharf ein marmornes Venusbild, das dort dicht am Ufer auf einem Steine stand, als wäre die Göttin soeben erst aus den Wellen aufgetaucht und betrachte nun, selber verzaubert, das Bild der eigenen Schönheit, das der trunkene Wasserspiegel zwischen den leise aus dem Grunde aufblühenden Sternen widerstrahlte. Einige Schwäne beschrieben still ihre einförmigen Kreise um das Bild, ein leises Rauschen ging um die Bäume ringsumher.
Florio stand wie eingewurzelt im Schauen, denn ihm kam jenes Bild wie eine lang gesuchte, nun plötzlich erkannte Geliebte vor, wie eine Wunderblume, aus der Frühlingsdämmerung und träumerischen Stille seiner frühesten Jugend heraufgewachsen. Je länger er hinsah, je mehr schien es ihm, als schlüge es die seelenvollen Augen langsam auf, als wollten sich die Lippen bewegen zum Gruße, als blühe Leben wie ein lieblicher Gesang erwärmend durch die schönen Glieder herauf. Er hielt die Augen lange geschlossen vor Blendung, Wehmut und Entzücken.
Als er wieder aufblickte, schien auf einmal alles wie verwandelt. Der Mond sah seltsam zwischen Wolken hervor, ein stärkerer Wind kräuselte den Weiher in trübe Wellen, das Venusbild, so fürchterlich weiß und regungslos, sah ihn fast schreckhaft mit den steinernen Augenhöhlen aus der grenzenlosen Stille an. Ein nie gefühltes Grausen überfiel da den Jüngling. Er verließ schnell den Ort, und immer schneller und ohne auszuruhen eilte er durch die Gärten und Weinberge wieder fort der ruhigen Stadt zu; denn auch das Rauschen der Bäume kam ihm nun wie ein verständiges, vernehmliches Geflüster vor, und die langen, gespenstischen Pappeln schienen mit ihren weitgestreckten Schatten hinter ihm dreinzulangen.
So kam er sichtbar verstört in der Herberge an. Da lag der Schlafende noch auf der Schwelle und fuhr erschrocken auf, als Florio an ihm vorbeistreifte. Florio aber schlug schnell die Tür hinter sich zu und atmete erst tief auf, als er oben sein Zimmer betrat. Hier ging er noch lange auf und nieder, ehe er sich beruhigte. Dann warf er sich aufs Bett und schlummerte endlich unter den seltsamsten Träumen ein.
Am folgenden Morgen saßen Florio und Fortunato unter den hohen, von der Morgensonne durchfunkelten Bäumen vor der Herberge miteinander beim Frühstück. Florio sah blässer als gewöhnlich und angenehm überwacht aus. – „Der Morgen", sagte Fortunato lustig, „ist ein recht kerngesunder, wildschöner Gesell, wie er so von den höchsten Bergen in die schlafende Welt hinunterjauchzt und von den Blumen und Bäumen die Tränen schüttelt und wogt und lärmt und singt. Der macht eben nicht sonderlich viel aus den sanften Empfindungen, sondern greift kühl an alle Glieder und lacht einem ins lange Gesicht, wenn man so presshaft und noch ganz wie in Mondschein getaucht vor ihn hinaustritt."
Florio schämte sich nun, dem Sänger, wie er sich anfangs vorgenommen, etwas von dem schönen Venusbilde zu sagen, und schwieg betreten still. Sein Spaziergang in der Nacht war aber von dem Diener an der Haustür bemerkt und wahrscheinlich verraten worden, und Fortunato fuhr lachend fort: „Nun, wenn Ihr's nicht glaubt, versucht es nur einmal und stellt Euch jetzt hierher und sagt zum Exempel: „O schöne, holde Seele, o Mondschein, du Blütenstaub zärtlicher Herzen" usw., ob das nicht recht zum Lachen wäre! Und doch wette ich, habt Ihr diese Nacht dergleichen oft gesagt und gewiss dabei ordentlich ernsthaft dabei ausgesehen."
Florio hatte sich Fortunato ehedem immer so still und sanftmütig vorgestellt, nun verwun-

derte ihn recht innerlichst die kecke Lustigkeit des geliebten Sängers. Er sagte hastig, und die Tränen traten ihm dabei in die seelenvollen Augen: „Ihr sprecht da sicherlich anders, als Euch selber zumute ist, und das solltet Ihr nimmermehr tun. Aber ich lasse mich von Euch nicht irremachen, es gibt noch sanfte und hohe Empfindungen, die wohl schamhaft sind, aber sich nicht zu schämen brauchen, und ein stilles Glück, das sich vor dem lauten Tage verschließt und nur dem Sternenhimmel den heiligen Kelch öffnet wie eine Blume, in der ein Engel wohnt." Fortunato sah den Jüngling verwundert an, dann rief er aus: „Nun wahrhaftig, Ihr seid recht ordentlich verliebt!"

Aus: Joseph von Eichendorff: Das Marmorbild. Das Schloss Dürande. Novellen. Reclam, Stuttgart, 1987, Seiten 17 – 19.

Aufgaben

1. *Skizzieren Sie einen ersten Verstehensentwurf, beachten Sie dabei die Entsprechung von Form und Aussage.*

2. *Ergänzen Sie Ihre Skizze durch Anmerkungen zu epochentypischen Besonderheiten.*

Lösungsansatz

Aufbau und Inhalt

Der Textauszug besteht aus drei Teilen:

1 Florio macht gedankenverloren einen nächtlichen Spaziergang und erliegt einem Zauber: Ein marmornes Venusbild wird lebendig.

2 Der Held nimmt die Realität wieder wahr, die ihn mit Grausen erfüllt, sodass er übereilt und verwirrt den Weg zur Herberge einschlägt.

3 Der Sänger Fortunato hat von dem nächtlichen Abenteuer erfahren und kommentiert es spöttisch, was Florio in seinen Empfindungen beschämt und verletzt.

Ein repräsentativer Text der Romantik

Der Novellenausschnitt enthält zahlreiche typisch romantische Motive, z. B.:

- der nächtliche Spaziergang ins Ungewisse
- Mond und Sterne
- Wasser („trunken"), Schwäne (= Liebessymbol)
- Bäume (Rauschen)
- Zauber
- Wunderblume (Symbol der Sehnsucht)
- Traum
- Erinnerung
- Wehmut und Entzücken

Die **sprachliche Gestaltung** wirkt musterhaft, sie unterstützt und „bebildert" die Aussage, z. B.:

- Häufung von Attributen
- Alliterationen
- Lautmalerei
- Vergleiche

Der **Held** ist ein durch und durch romantischer „Jüngling":
Er schwärmt in die Nacht hinaus, betritt gedankenverloren unbekanntes Gelände, nimmt die Natur mit allen Sinnen wahr, lässt sich verzaubern und verwirren, bricht bei den ironischen Bemerkungen seines Freundes in Tränen aus, verteidigt „sanfte und hohe Empfindungen".

8.2.4 Realismus

M4 Theodor Fontane Effi Briest

Die 17-jährige Effi ist mit dem wesentlich älteren Baron von Innstetten verheiratet worden und damit gesellschaftlich aufgestiegen. Innstetten macht Karriere, der Umzug nach Berlin steht bevor. Effi soll zusammen mit ihrer Mutter, die sich gerade wegen eines Augenleidens zur Kur in Berlin aufhält, eine Wohnung suchen. Sie fährt in Begleitung ihrer Tochter Annie und des Kindermädchens Roswitha.

Dreiundzwanzigstes Kapitel

Auf dem Friedrichstraßen-Bahnhof war ein Gedränge; aber trotzdem, Effi hatte schon vom Kupee aus die Mama erkannt und neben ihr den Vetter Briest. Die Freude des Wiedersehens war groß, das Warten in der Gepäckhalle stellte die Geduld auf keine allzu harte Probe, und nach wenig mehr als fünf Minuten rollte die Droschke neben dem Pferdebahngeleise hin, in die Dorotheenstraße hinein und auf die Schadowstraße zu, an deren nächstgelegener Ecke sich die „Pension“ befand. Roswitha war entzückt und freute sich über Annie, die die Händchen nach den Lichtern ausstreckte.

Nun war man da. Effi erhielt ihre zwei Zimmer, die nicht, wie erwartet, neben denen der Frau von Briest, aber doch auf demselben Korridor lagen, und als alles seinen Platz und Stand hatte und Annie in einem Bettchen mit Gitter glücklich untergebracht war, erschien Effi wieder im Zimmer der Mama, einem kleinen Salon mit Kamin, drin ein schwaches Feuer brannte; denn es war mildes, beinah warmes Wetter. Auf dem runden Tische mit grüner Schirmlampe waren drei Kuverts gelegt, und auf einem Nebentischchen stand das Teezeug.

„Du wohnst ja reizend, Mama“, sagte Effi, während sie auf dem Sofa gegenüber Platz nahm, aber nur um sich gleich danach an dem Teetisch zu schaffen zu machen. „Darf ich wieder die Rolle des Teefräuleins übernehmen?“

„Gewiss, meine liebe Effi. Aber nur für Dagobert und dich selbst. Ich meinerseits muss verzichten, was mir beinah schwerfällt,“

„Ich versteh, deiner Augen halber. Aber nun sage mir, Mama, was ist es damit? In der Droschke, die noch dazu so klapperte, haben wir immer nur von Innstetten und unserer großen Karriere gesprochen, viel zuviel, und das geht nicht so weiter, glaube mir, deine Augen sind mir wichtiger, und in einem finde ich sie, Gott sei Dank, ganz unverändert, du siehst mich immer noch so freundlich an wie früher.“ Und sie eilte auf die Mama zu und küsste ihr die Hand.

„Effi, du bist so stürmisch. Ganz die alte.“

„Ach nein, Mama. Nicht die alte. Ich wollte, es wäre so. Man ändert sich in der Ehe.“

Vetter Briest lachte. „Cousine, ich merke nicht viel davon, du bist noch hübscher geworden, das ist alles. Und mit dem Stürmischen wird es wohl auch noch nicht vorbei sein.“

„Ganz der Vetter“, versicherte die Mama; Effi selbst aber wollte davon nichts hören und sagte: „Dagobert, du bist alles, nur kein Menschenkenner. Es ist sonderbar. Ihr Offiziere seid keine guten Menschenkenner, die jungen gewiss nicht. Ihr guckt euch immer nur selber an oder eure Rekruten, und die von der Kavallerie haben auch noch ihre Pferde. Die wissen nun vollends nichts.“

„Aber Cousine, wo hast du denn diese ganze Weisheit her? Du kennst ja keine Offiziere. Kessin, so habe ich gelesen, hat ja auf die ihm zugedachten Husaren verzichtet, ein Fall, der übrigens einzig in der Weltgeschichte dasteht. Und willst du von alten Zeiten sprechen? Du warst ja noch ein halbes Kind, als die Rathenower zu euch herüberkamen.“

„Ich könnte dir erwidern, dass Kinder am besten beobachten. Aber ich mag nicht, das sind ja alles bloß Allotria. Ich will wissen, wie‘s mit Mamas Augen steht.“

Frau von Briest erzählte nun, dass es der Augenarzt für Blutandrang nach dem Gehirn ausgegeben habe. Daher käme das Flimmern. Es müsse mit Diät bezwungen werden; Bier, Kaffee, Tee – alles gestrichen und gelegentlich eine lokale Blutentziehung, dann werde es bald besser werden. „Er sprach von vierzehn Tagen. Aber ich kenne die Doktorangaben; vierzehn Tage heißt sechs Wochen, und ich werde noch hier sein, wenn Innstetten kommt und ihr in eure neue Wohnung einzieht. Ich will auch nicht leugnen, dass das das Beste von der Sache ist und mich über die mutmaßlich lange Kurdauer schon vorweg tröstet. Sucht euch nur recht was Hübsches. Ich habe mir Landgrafen- oder Keithstraße gedacht, elegant und doch nicht allzu teuer. Denn ihr werdet euch einschränken müssen. Innstettens Stellung ist sehr ehrenvoll, aber sie wirft nicht allzu viel ab. Und Briest klagt auch. Die Preise gehen herunter, und er erzählt mir jeden Tag, wenn nicht Schutzzölle kämen, so müsste er mit einem Bettelsack von Hohen-Cremmen abziehen. Du weißt, er übertreibt gern. Aber nun lange zu, Dagobert, und wenn es sein kann, erzähle uns was Hübsches. Krankheitsberichte sind immer langweilig, und die liebsten Menschen hören bloß zu, weil es nicht anders geht. Effi wird wohl auch gern eine Geschichte hören, etwas aus den ‚Fliegenden Blättern' oder aus dem ‚Kladderadatsch'. Er soll aber nicht mehr so gut sein."

„Oh, er ist noch ebenso gut wie früher. Sie haben immer noch Strudelwitz und Prudelwitz, und da macht es sich von selber."

„Mein Liebling ist Karlchen Mießnick und Wippchen von Bernau." „Ja, das sind die besten. Aber Wippchen, der übrigens – Pardon, schöne Cousine – keine Kladderadatschfigur ist, Wippchen hat gegenwärtig nichts zu tun, es ist ja kein Krieg mehr. Leider. Unsereins möchte doch auch mal an die Reihe kommen und hier diese schreckliche Leere", und er strich vom Knopfloch zu der Achsel hinüber, „endlich loswerden."

„Ach, das sind ja bloß Eitelkeiten. Erzähle lieber. Was ist denn jetzt dran?"

„Ja, Cousine, das ist ein eigen Ding. Das ist nicht für jedermann. Jetzt haben wir nämlich die Bibelwitze."

„Die Bibelwitze? Was soll das heißen? Bibel und Witze gehören nicht zusammen."

„Ebendeshalb sagte ich, es sei nicht für jedermann. Aber ob zulässig oder nicht, sie stehen jetzt hoch im Preise. Modesache, wie Kiebitzeier."

„Nun, wenn es nicht so toll ist, so gib uns eine Probe. Geht es?"

„Gewiss geht es. Und ich möchte sogar hinzusetzen dürfen, du triffst es besonders gut. Was jetzt nämlich kursiert, ist etwas hervorragend Feines, weil es als Kombination auftritt und in die einfache Bibelstelle noch das dativisch Wrangelsche mit einmischt. Die Fragestellung – alle diese Witze treten nämlich in Frageform auf – ist übrigens im vorliegenden Falle von großer Simplizität und lautet: ‚Wer war der erste Kutscher?' Und nun rate."

„Nun, vielleicht Apollo."

„Sehr gut. Du bist doch ein Daus, Effi. Ich wäre nicht daraufgekommen. Aber trotzdem, du triffst damit nicht ins Schwarze."

„Nun, wer war es denn?"

„Der erste Kutscher war ‚Leid'. Denn schon im Buche Hiob heißt es: ‚Leid soll mir nicht widerfahren' oder auch ‚wieder fahren' in zwei Wörtern und mit einem e."

Effi wiederholte kopfschüttelnd den Satz, auch die Zubemerkung, konnte sich aber trotz aller Mühe nicht drin zurechtfinden; sie gehörte ganz ausgesprochen zu den Bevorzugten, die für derlei Dinge durchaus kein Organ haben, und so kam denn Vetter Briest in die nicht beneidenswerte Situation, immer erneut erst auf den Gleichklang und dann auch wieder auf den Unterschied von „widerfahren" und „wieder fahren" hinweisen zu müssen.

„Ach, nun versteh ich. Und ich muss mir verzeihen, dass es so lange gedauert. Aber es ist wirklich zu dumm."

„Ja, dumm ist es", sagte Dagobert kleinlaut.

Aus: Theodor Fontane: Effi Briest. Goldmann Klassiker, München, 1980, Seiten 179–182.

Aufgaben

1. *Skizzieren Sie einen ersten Verstehensentwurf, beachten Sie dabei die Entsprechung von Form und Aussage.*

2. *Ergänzen Sie Ihre Skizze durch Anmerkungen zu epochentypischen Besonderheiten.*

Lösungsvorschlag

Textimmanente Interpretation

Geschildert werden in diesem Romanausschnitt Effis Ankunft in Berlin, das Wiedersehen mit Mutter und Vetter und die erste Plauderstunde in der Pension. Mutter und Tochter scheinen ein inniges Verhältnis zu haben, Vetter und Cousine ein liebevoll-neckisches. Die Mutter interessiert sich für Innstettens beruflichen Aufstieg, Effi für deren Augenleiden, der Vetter für das Militär und die neuesten Witze.
Auf äußeres Geschehen ist weitgehend verzichtet; vorherrschend sind detaillierte Beschreibung und Wiedergabe des Dialogs. Die Szene wirkt unaufgeregt und harmonisch, auch wenn Dagobert mit seinem Bibelwitz das Missfallen der beiden Damen erregt: Schließlich lenkt er ja am Ende ein. Die Sprache ist dem Inhalt angepasst: Es wird ruhig und gemächlich erzählt, Attribute und Adverbien fangen die Atmosphäre ein (entzückt, glücklich, mild, reizend, freundlich, ...). Die wörtliche Rede dominiert, sodass Erzählzeit und erzählte Zeit sich decken.

Hinweis: Die inhaltlichen und formalen Auffälligkeiten sind Kennzeichen des „poetischen Realismus" (→ Seite 94).

Abbild der Zeit

Der Roman spielt in der höheren Gesellschaft Ende des 19. Jahrhunderts, in der der Autor selbst verkehrte. Sie wird vom Adel und vom Militär dominiert.
Frau von Briest hat es nur in den Landadel geschafft, weshalb es ihr besonders am Herzen liegt, dass ihre Tochter als Baronin Ansehen genießt. Dieses Ansehen hängt von der Stellung ihres Ehemanns ab, nicht von ihren eigenen Qualitäten.
Effi hat sich den Konventionen und den Anordnungen ihres Mannes zu fügen; sie darf nicht mehr so „stürmisch" sein, nimmt dies aber scheinbar gelassen hin, kommentiert mit einer platten Phrase: „Man ändert sich in der Ehe."
Vetter Dagobert möchte Karriere beim Militär machen und dekoriert werden; er bedauert, dass es gerade keinen Krieg mehr gibt. Er erscheint intelligent und witzig, aber gelangweilt.
Man pflegt gute Umgangsformen, genießt die Privilegien des höheren Standes, beobachtet die politische Lage nur dann skeptisch , wenn es um die eigenen Belange geht (Krieg, Schutzzölle).
Man kennt sich aus in der Unterhaltungsliteratur. Die neuesten Witze finden die Damen unpassend, wenngleich sie nicht anstößig und eher Sprachwitze sind, denn „Bibel und Witze gehören nicht zusammen".
Fontane stellt seine Zeit und seine Gesellschaft realistisch, mit verhaltener Kritik (Ironie) dar.

8.2.5 Nachkriegsliteratur

Deutschland West – BRD

M5 Heinrich Böll Ansichten eines Clowns (1963)

Ich bin in Bonn geboren und kenne hier viele Leute: Verwandte, Bekannte, ehemalige Mitschüler. Meine Eltern wohnen hier, und mein Bruder Leo, der unter Züpfners Patenschaft konvertiert ist, studiert hier katholische Religion. Meine Eltern würde ich notwendigerweise einmal sehen müssen, schon um die Geldgeschichten mit ihnen zu regeln. Vielleicht werde ich das auch einem Rechtsanwalt übergeben. Ich bin in dieser Frage noch unentschlossen. Seit dem Tod meiner Schwester Henriette existieren meine Eltern für mich nicht mehr als solche. Henriette ist schon siebzehn Jahre tot. Sie war sechzehn, als der Krieg zu Ende ging, ein schönes Mädchen, blond, die beste Tennisspielerin zwischen Bonn und Remagen. Damals hieß es, die jungen Mädchen sollten sich freiwillig zur Flak melden, und Henriette meldete sich, im Februar 1945. Es ging alles so rasch und reibungslos, dass ichs gar nicht begriff. Ich kam aus der Schule, überquerte die Kölner Straße und sah Henriette in der Straßenbahn sitzen, die gerade in Richtung Bonn abfuhr. Sie winkte mir zu und lachte, und ich lachte auch. Sie hatte einen kleinen Rucksack auf dem Rücken, einen hübschen dunkelblauen Hut auf und den dicken blauen Wintermantel mit dem Pelzkragen an. Ich hatte sie noch nie mit Hut gesehen, sie hatte sich immer geweigert, einen aufzusetzen. Der Hut veränderte sie sehr. Sie sah wie eine junge Frau aus. Ich dachte, sie mache einen Ausflug, obwohl es eine merkwürdige Zeit für Ausflüge war. Aber den Schulen war damals alles zuzutrauen. Sie versuchten sogar, uns im Luftschutzkeller Dreisatz beizubringen, obwohl wir die Artillerie schon hörten. Unser Lehrer Brühl sang mit uns „Frommes und Nationales“, wie er es nannte, worunter er „Ein Haus voll Glorie schauet“ wie „Siehst du im Osten das Morgenrot“ verstand. Nachts, wenn es für eine Stunde einmal ruhig wurde, hörte man immer nur marschierende Füße: italienische Kriegsgefangene (es war uns in der Schule erklärt worden, warum die Italiener jetzt nicht mehr Verbündete waren, sondern als Gefangene bei uns arbeiteten, aber ich habe bis heute nicht begriffen, wieso), russische Kriegsgefangene, gefangene Frauen, deutsche Soldaten; marschierende Füße die ganze Nacht hindurch. Kein Mensch wusste genau, was los war.
Henriette sah wirklich aus, als mache sie einen Schulausflug. Denen war alles zuzutrauen. Manchmal, wenn wir zwischen den Alarmen in unserem Klassenraum saßen, hörten wir durchs offene Fenster richtige Gewehrschüsse, und wenn wir erschrocken zum Fenster hinblickten, fragte der Lehrer Brühl uns, ob wir wüssten, was das bedeute. Wir wussten es inzwischen: Es war wieder ein Deserteur oben im Wald erschossen worden. „So wird es allen gehen“, sagte Brühl, „die sich weigern, unsere heilige deutsche Erde gegen die jüdischen Yankees zu verteidigen.“ (Vor kurzem traf ich ihn noch einmal, er ist jetzt alt, weißhaarig, Professor an einer Pädagogischen Akademie und gilt als ein Mann mit „tapferer politischer Vergangenheit“, weil er nie in der Partei war.)
Ich winkte noch einmal hinter der Straßenbahn her, in der Henriette davonfuhr, ging durch unseren Park nach Hause, wo meine Eltern mit Leo schon bei Tisch saßen. Es gab Brennsuppe, als Hauptgericht Kartoffeln mit Soße und zum Nachtisch einen Apfel. Erst beim Nachtisch fragte ich meine Mutter, wohin denn Henriettes Schulausflug führe. Sie lachte ein bisschen und sagte: „Ausflug. Unsinn. Sie ist nach Bonn gefahren, um sich bei der Flak zu melden. Schäle den Apfel nicht so dick, Junge, sieh mal hier“, sie nahm tatsächlich die Apfelschalen von meinem Teller, schnippelte daran herum und steckte die Ergebnisse ihrer Sparsamkeit, hauchdünne Apfelscheiben, in den Mund. Ich sah Vater an. Er blickte auf seinen Teller und sagte nichts. Auch Leo schwieg, aber als ich meine Mutter noch einmal ansah, sagte sie mit ihrer sanften Stimme: „Du wirst doch einsehen, dass jeder das Seinige tun muss, die jüdischen

Yankees von unserer heiligen deutschen Erde wieder zu vertreiben." Sie warf mir einen Blick zu, mir wurde unheimlich, sie sah dann Leo mit dem gleichen Blick an, und es schien mir, als sei sie drauf und dran, auch uns beide gegen die jüdischen Yankees zu Felde zu schicken. „Unsere heilige deutsche Erde", sagte sie, „und sie sind schon tief in der Eifel drin." Mir war zum Lachen zu Mute, aber ich brach in Tränen aus, warf mein Obstmesser hin und lief auf mein Zimmer. Ich hatte Angst, wusste sogar warum, hätte es aber nicht ausdrücken können, und ich wurde rasend, als ich an die verfluchten Apfelschalen dachte. Ich blickte auf die mit dreckigem Schnee bedeckte deutsche Erde in unserem Garten, zum Rhein, über die Trauerweiden hinweg aufs Siebengebirge, und diese ganze Szenerie kam mir idiotisch vor. Ich hatte ein paar von diesen „jüdischen Yankees" gesehen: Auf einem Lastwagen wurden sie vom Venusberg runter nach Bonn zu einer Sammelstelle gebracht: Sie sahen verfroren aus, ängstlich und jung; wenn ich mir unter Juden überhaupt etwas vorstellen konnte, dann eher etwas wie die Italiener, die noch verfrorener als die Amerikaner aussahen, viel zu müde, um noch ängstlich zu sein. Ich trat gegen den Stuhl, der vor meinem Bett stand, und als er nicht umfiel, trat ich noch einmal dagegen. Er kippte endlich und schlug die Glasplatte auf meinem Nachttisch in Stücke. Henriette mit blauem Hut und Rucksack. Sie kam nie mehr zurück, und wir wissen bis heute nicht, wo sie beerdigt ist. Irgendjemand kam nach Kriegsende zu uns und meldete, dass sie „bei Leverkusen gefallen" sei.

Diese Besorgnis um die heilige deutsche Erde ist auf eine interessante Weise komisch, wenn ich mir vorstelle, dass ein hübscher Teil der Braunkohlenaktien sich seit zwei Generationen in den Händen unserer Familie befindet. Seit siebzehn Jaahren verdienen die Schniers an den Wühlarbeitern, die die heilige deutsche Erde erdulden muss. [...]

Meine Mutter ist inzwischen schon seit Jahren Präsidentin des Zentralkomitees der Gesellschaften zur Versöhnung rassischer Gegensätze; sie fährt zum Anne-Frank-Haus, gelegentlich sogar nach Amerika und hält vor amerikanischen Frauenklubs Reden über die Reue der deutschen Jugend, immer noch mit ihrer sanften, harmlosen Stimme, mit der sie Henriette wahrscheinlich zum Abschied gesagt hat: „Machs gut, Kind." [...]

Das Telefonmädchen hatte falsch gestöpselt, meine Mutter meldete sich geschäftsmäßig an ihrem schwarzen Apparat: „Zentralkomitee der Gesellschaften zur Versöhnung rassischer Gegensätze."

Ich war sprachlos. Hätte sie gesagt: „Hier Frau Schnier", hätte ich wahrscheinlich gesagt: „Hier Hans, wie geht's, Mama?" Statt dessen sagte ich: „Hier spricht ein durchreisender Delegierter des Zentralkomitees jüdischer Yankees, verbinden Sie mich bitte mit Ihrer Tochter."

Aus: Heinrich Böll: Ansichten eines Clowns. dtv, München, 1974, Seiten 22–24, Seite 29 ff.

Aufgaben

1. *Skizzieren Sie einen ersten Verstehensentwurf, beachten Sie dabei die Entsprechung von Form und Aussage.*

2. *Ergänzen Sie Ihre Skizze durch Anmerkungen zu epochentypischen Besonderheiten.*

Lösungsvorschlag

Der Ich-Erzähler, Sohn aus reichem Haus, hat sich von seinen Eltern losgesagt, sie existieren für ihn „nicht mehr als solche“. Er wirft ihnen die Schuld am Tod seiner geliebten Schwester vor. Diese hatte sich – vermutlich auf Drängen, jedenfalls mit Zustimmung ihrer Eltern – im Februar 1945 freiwillig zur Flak gemeldet. Von ihrem Einsatz kam sie nie mehr zurück. Die Mutter war damals überzeugt, „dass jeder das Seinige tun muss, die jüdischen Yankees von unserer heiligen deutschen Erde wieder zu vertreiben“. Später wurde sie Präsidentin des Zentralkomitees der „Gesellschaften zur Versöhnung rassischer Gegensätze“. Auch in Amerika hält sie Vorträge, wie der Erzähler zynisch anmerkt. Er erinnert sich genau an den Tag, an dem er seine Schwester zum letzten Mal gesehen hat, als seiner Mutter das sparsame Schälen eines Apfels wichtiger war als das Schicksal ihrer Tochter. Er erinnert sich auch an den Unterricht im Luftschutzkeller, an seinen Lehrer, der dieselben Parolen von sich gab wie seine Mutter ; er ist jetzt angesehener Pädagogik-Professor mit „tapferer politischer Vergangenheit“, weil er nur Befehlsempfänger, aber nie Parteimitglied war.

Von Vergangenheit und Gegenwart wird in schlichter Sprache und ohne Pathos berichtet. Dennoch wird deutlich, wie der Ich-Erzähler leidet: Das Schlimme, das in der Vergangenheit passiert ist, kann er nicht vergessen und nicht verzeihen, in der Gegenwart findet er sich nicht zurecht. Sein Versuch, ein unabhängiges, ehrliches Leben zu führen, ist offenbar gescheitert (er braucht Geld von seinen Eltern). Seine Vorwürfe richten sich zum einen gegen das blinde Mitläufertum während des Dritten Reichs, das Nachplappern und Befolgen unsinniger Parolen. Zum anderen kritisiert er – mit größerer Bitterkeit – die Verlogenheit und Anpassung in der Nachkriegszeit. Die einstigen Stützen des Systems (Eltern, Lehrer) stehen nicht zu ihrer Vergangenheit, die Gesellschaft rechnet nicht mit ihnen ab, sie lässt sie im Gegenteil zu Ehren und Ansehen kommen.

Um das „Wirtschaftswunder“ zu realisieren und wieder zu internationalem Ansehen zu kommen, musste die neue Bundesrepublik auf kompetente Organisatoren und Wissenschaftler zurückgreifen, die sich ihre Verdienste und ihren Erfolg unter dem Naziregime erworben hatten.

Der Aussteiger, der sich dem verlogenen, korrupten und scheinheiligen Wirtschaftswunderland widersetzt, hat keine Chance.

Hinweis

Informieren Sie sich über den Inhalt des gesamten Romans. Dann können Sie die unten stehende Tabelle ausfüllen.

Ergebnis der Lektüre/der Recherche

Dem Romanhelden ist in allen Lebensbereichen Erfolg versagt

Familienbeziehung	...
Liebesbeziehung	...
berufliche Laufbahn	...

Deutschland Ost – DDR

M6 Christoph Hein Drachenblut

Claudia, die Ich-Erzählerin, ist erfolgreiche Ärztin in Ostberlin. Sie reist in ihre Heimatstadt und erinnert sich an ihre Schulzeit.

Katharina und ich sahen uns täglich, auch nach Schulschluss. Nach den Schularbeiten ging ich zu ihr, um sie abzuholen. Hand in Hand liefen wir stundenlang durch das Städtchen, gingen zusammen ins Kino oder saßen in ihrem Zimmer und fanden dennoch nie genügend Zeit für unsere Gespräche.
Gelegentlich sprachen auch ihre älteren Brüder mit mir. Etwas ironisch und herablassend unterhielten sie sich mit der Freundin ihrer kleinen Schwester, doch immer waren sie höflich und bereit, uns zu helfen. Ich glaube, ich war in alle drei Brüder verliebt. Und so sehr ich ihre Anwesenheit wünschte und ihre Aufmerksamkeit, so sehr quälte mich dann meine Verlegenheit, die mich ihnen gegenüber befangen und einsilbig machte. Um ihre Brüder beneidete ich Katharina heftig.
Katharina und ihre Familie waren gläubig. Auch darüber führten wir unendliche Gespräche. Mich faszinierten die unglaublichen Geschichten der Bibel, ihre eigentümlich schöne Sprache, die mich völlig widerstandslos machte, und die seltsame, mir gleichzeitig ehrfurchtsgebietend und komisch erscheinende Kultur ihrer Religion. Zu den Bibelstunden begleitete ich Katharina, und da ich mich in den Wundertaten und der Leidensgeschichte Christi gut auskannte, erhielt ich von der Religionslehrerin häufig farbige Bildchen, die einen Bibeltext illustrierten.
Mit Katharina hatte ich ein Abkommen getroffen. Wir wollten nicht nur stets dieselbe Haarfrisur tragen, auch in der Frage, ob es einen Gott gebe, an den man folglich zu glauben habe, oder ob die Religion tatsächlich eine Erfindung und ein Betrug am Volk sei, wie wir es in der Schule lernten, wollten wir zu einer gemeinsamen, einheitlichen Entscheidung kommen. In dem Sommer, der unserem 14. Geburtstag folgte, würden wir uns, so war es verabredet, zusammen zu einer Antwort entschließen, um dann, an Gott glaubend oder ihn leugnend, durch eine weitere Gemeinsamkeit verbunden zu sein. Wir befürchteten beide den Protest der Familie, wenn sich in jenem Sommer eine von uns zu einer gegensätzlichen Weltanschauung bereit finden würde, aber davon abgesehen, sahen wir keine Schwierigkeiten. Die Religion wirkte sehr anziehend auf mich, und ich machte mich mit dem Gedanken vertraut, dass ich es sein würde, die ihre Eltern zu überraschen hätte.
Mein Vater war über meinen Besuch der Religionsstunden nicht erfreut, doch nach einem Gespräch mit Mutter entschloss er sich, es als pubertäre Mädchenschwärmerei zu dulden. Anderthalb Jahre vor jenem Sommer der Entscheidung bat er mich eindringlich, alles zu unterlassen, was mit Kirche und Religion zu tun habe. Er bat mich auch, meine Freundschaft mit Katharina zu überdenken, da er sich große Sorgen um meinen weiteren Lebensweg mache. Ich verstand ihn nicht, begriff aber, dass er ernstlich beunruhigt war und mir helfen wollte. Trotzdem weigerte ich mich, meine Freundin seltener zu treffen oder sie gar zu verraten.
Von Katharina erfuhr ich, dass Paul, ihr ältester Bruder, im Werk nicht mehr als Brigadier arbeiten dürfe, weil er einer christlichen Jugendgruppe angehöre. Aus dem gleichen Grund sei der Ausbildungsvertrag mit Frieder, dem zweiten Bruder, verändert worden, sodass er nicht in dem erwünschten Beruf würde arbeiten können. Die Brüder erzählten mir, dass im ganzen Landkreis derzeit eine atheistische Kampagne durchgeführt werde. Sie waren verbittert. Besonders empörte sie, dass die Werksleitung bei Katharinas Brüdern und den anderen Betroffenen banale und lächerliche Vorwände suchte, um Maßnahmen zu rechtfertigen, die willkürlich waren und ohne jede rechtliche Grundlage. Katharina weinte, und ich fühlte mich schuldig, weil ich aus einem atheistischen Elternhaus kam.

Wenige Monate später, nachdem der dritte Bruder den Schulbesuch beendet hatte, verschwanden die drei Brüder. Anfangs konnte oder durfte Katharina nichts erzählen. Dann hörte ich, dass die drei nach Westdeutschland gegangen seien, und Katharina bestätigte es mir. Die Brüder hatten in Niedersachsen einen Bauernhof gepachtet, den sie zusammen bewirtschafteten.

Meine Eltern baten mich nun häufiger, die Freundschaft mit Katharina zu beenden. Auch in der Schule wurde ich von wohlgesonnenen Lehrern versteckt oder sehr direkt darauf hingewiesen, dass diese Freundschaft nicht nützlich sei.

In jenem Schuljahr sollte vom Lehrerkollegium entschieden werden, wer aus unserer Klasse für den Besuch der weiterführenden Oberschule in der Kreisstadt vorgesehen sei. Katharina und ich machten uns beide begründete Hoffnungen. Wir waren seit Jahren die besten Schülerinnen der Klasse.

Im Oktober fiel die Entscheidung. Ein Junge und ich wurden für die Oberschule ausgewählt. Unsere Klassenlehrerin verkündete, dass Katharina die Schule nach Abschluss der achten Klasse verlassen müsste. Die Behörden des Kreises und die Schulleitung seien der Ansicht, es sei nicht gewährleistet, dass sie das Erziehungsziel einer Oberschule unserer Republik erreichen könne.

In diesen Tagen weinten wir beide viel, und ihre Mutter hatte uns unentwegt zu trösten. Sie war es auch, die mich von dem Entschluss, die Oberschule Katharinas wegen nicht zu besuchen, abbrachte. Dem Drängen meiner Eltern und der Lehrer, die Freundschaft mit Katharina zu beenden, wollte ich keineswegs nachgeben. Wir schworen unter Tränen, uns ewig treu zu bleiben. Und doch waren wir bereits ein halbes Jahr später die erbittertsten Feindinnen. (...)

Und jetzt saß ich in einem Zimmer des einzigen Hotels in G. und trank Bier. Und auf den abgetretenen, ausgefaserten Läufer vor dem Sessel goss ich einen Schluck des viel zu kalten, gelblichen Getränks. Eine Libation für ein Mädchen, das ich so rückhaltlos geliebt hatte, wie ich nie wieder einen Menschen sollte lieben können.

Aus: Christoph Hein: Drachenblut. Novelle. (Originaltitel: Der fremde Freund). Lizenzausgabe Bertelsmann, Aufbau Verlag, Berlin, 1982, Seite 133 ff., 139.

Aufgaben

1. *Skizzieren Sie einen ersten Verstehensentwurf, beachten Sie dabei die Entsprechung von Form und Aussage.*

2. *Ergänzen Sie Ihre Skizze durch Anmerkungen zu epochentypischen Besonderheiten.*

8

Lösungsvorschlag

Wie ist der Textausschnitt zu verstehen?

Christoh Hein bedient sich einer klaren, schnörkellosen Sprache, schreibt sachlich und realistisch. Er lässt seine Heldin eintauchen in ihre Vergangenheit, die sie lebendig und anschaulich schildert. Am Ende steht das tiefe Bedauern über den Verlust einer Mädchenfreundschaft.

Freuden und Leiden in der Schule, in der Familie, im Prozess des Erwachsenwerdens hat die Ich-Erzählerin ihrer Freundin mitgeteilt, sie mit ihr geteilt. Die unterschiedliche religiöse bzw. ideologische Erziehung hat die Freundschaft nicht beeinträchtigt – naiv und blauäugig glauben die beiden Mädchen, dass eine von ihnen ihre anerzogene Überzeugung ablegen könne, um auch in diesem Punkt einig zu sein. Claudia hat Gefallen gefunden an der Bibel, sie ist schon fast überzeugt, dass sie es ist, die umschwenken wird. Warnungen und Drohungen von Eltern und Lehrern nimmt sie zur Kenntnis, ohne daraus Konsequenzen zu ziehen. Die Obrigkeit dagegen zieht Konsequenzen: Katharinas Brüder werden in ihrer beruflichen Laufbahn gestoppt, sie selbst muss die Schule verlassen. Die Freundinnen halten dem Druck auf Dauer nicht stand; sie werden „die erbittersten Feindinnen".

Im Nachhinein, nach so vielen Jahren, wird der erwachsenen Claudia die Bedeutung dieser zerstörten Freundschaft erst so richtig bewusst.

Heins Kritik am starren kommunistischen System und an den rigorosen Maßnahmen der Behörden ist unverhohlen. Begabte junge Leute werden ihrer religiösen Überzeugung wegen am beruflichen Fortkommen gehindert, obwohl sie bereit wären, als Leistungsträger im Arbeiter- und Bauernstaat ihr Bestes zu geben. Es bleibt ihnen nur die Flucht in das andere Deutschland.

Die Mitbürger wissen das: Nicht umsonst wird Claudia gewarnt und gedrängt, sich fernzuhalten von Personen, die sich dem Parteiprogramm nicht fügen.

Claudia ist systemgetreu erzogen, denkt und spricht sachlich und nüchtern. Mit dem Schluck Bier, den sie ihrer ehemaligen Freundin „weiht", gibt sie ihrer Sentimentalität nach, die sie in ihrem Alltag nicht zulassen kann und will. Dass das Bier schlecht und das Hotelzimmer schäbig eingerichtet ist, weist auf die gegenwärtige Situation in der DDR hin.

Hinweis: Christoph Hein durfte seine „Novelle" 1982 in der DDR veröffentlichen. Möglicherweise sah man die gesellschaftliche Ächtung und berufliche Blockade von gläubigen Christen bereits als ein Kapitel der Vergangenheit an, als sich die junge sozialistische Republik profilieren musste.

8

Tipp

Lesen sie zum Vergleich den kurzen Prosatext von Reiner Kunze: „Element". Er erschien 1976 in der BRD, Kunze wurde danach aus dem Schriftstellerverband der DDR ausgeschlossen. (Reiner Kunze: Wunderbare Jahre. Prosa. Fischer tb, Frankfurt a. M., 1986, Seite 37 ff.)

Verzeichnis der besprochenen Werke

Stichwortverzeichnis

Die Einträge verweisen meist auf Beispiele zum betreffenden Stichwort.

Was Sie auf der CD-ROM finden

Die Tabellen zur Literaturgeschichte sind dem Band **Fit fürs Abi – Deutsch ⦿ Wissen** entnommen. Dort finden Sie die einzelnen Epochen ausführlicher besprochen.